A FÉ QUE REMOVE MONTANHAS

LAURO TREVISAN

A FÉ QUE REMOVE MONTANHAS

15ª edição
atualizada

Santa Maria – RS – Brasil
Editora e Distribuidora da Mente Ltda
2011

A FÉ QUE REMOVE MONTANHAS

Lançamento: Janeiro de 1995
Revisão e atualização: outubro de 2011
Capa: Andrey Lambert

T814f Trevisan, Lauro
A fé que remove montanhas / Lauro Trevisan – 15. ed. atualizada - Santa Maria : Editora da Mente, 2011.
200 p.

ISBN 978-85-7151-014-8

1. Fé 2. Autoajuda 3. Motivação 4. Religião
I. Título

CDU 159.962.7

Ficha Catalográfica elaborada pela Bibliotecária Eunice de Olivera – CRB 10/1491

EDITORA DA mente

Pedidos: Editora e Distribuidora da Mente Ltda.
Rua Tuiuti, 1677 – Caixa Postal: 559
97015-663 – Santa Maria – RS – Brasil
Fone: (0xx55)3223.0202 – Fax: (0xx55) 3221.7184
E-mail: mente@editoradamente.com.br
Site: www.editoradamente.com.br
Autor: laurotr@uol.com.br

A FÉ QUE REMOVE MONTANHAS

O melhor desafio
para os céticos.

O melhor debate
para os racionalistas.

O melhor apoio
para os que conhecem o poder da mente.

A melhor energia
para os que têm fé.

COMECE DUVIDANDO

Se realmente existe a força todo-poderosa que remove montanhas, cura doenças, realiza milagres e tudo alcança, então é urgente comunicar essa notícia a toda a humanidade.

Se de fato existe esta fé, que torna possível até mesmo o impossível, não há razão para as pessoas se debaterem em fracassos, angústias, sofrimentos e desgraças.

Jesus, considerado o maior sábio que pisou este planeta, profundo conhecedor do ser humano, afirmou, com todas as letras, que qualquer pessoa TUDO pode. Como se trata de um personagem universalmente conceituado, nada mais inteligente do que queimar pestanas em cima das suas afirmações arrojadíssimas e estudar cientificamente os princípios ou a lei em que se baseia o Mestre para difundir a mais inacreditável descoberta humana.

Está você disposto a entrar fundo nessa questão para ver se é verdade que existe esta força irresistível ou se não passa de retórica de efeito?

DESAFIO PARA VOCÊ

Sei que você gosta de desafios e esse assunto é o mais fascinante da face da terra.

De um lado, você coloca os seus problemas, os projetos que não deram certo, os sonhos dourados que evaporaram, o amor que virou cinzas, a doença que não encontra cura, a casa que não aconteceu, a felicidade que não bateu à sua porta – e, de outro lado, contrapõe-se a revelação de Jesus, de alguns sábios e da ciência do Poder da Mente, afirmando que você tem poder de remover qualquer dificuldade e de obter tudo que desejar.

Nessa posição e contraposição, fica você desejoso de saber quem está com a verdade.

Pois bem, vamos ver se existe a fórmula dessa força todo-poderosa. Se existe, você já sai na frente ao encontro da vida que pediu a Deus.

Lembre-se: a fortuna ajuda os audazes, como dizia o imperador César.

Quem sabe, neste momento começa a mais incrível reviravolta da sua vida?

Em frente, pois.

1

NINGUÉM NEGA MAS NINGUÉM ACREDITA

Quando se fala no poder irresistível da fé, muita gente age como aquele homem que sempre respondia: “Não acredito nem desacredito, muito pelo contrário do reverso”.

“Não nego, mas não acredito” – é a atitude de multidões de pessoas que ouvem sobre o fantástico poder da fé, batem palmas, mas não passam disso. Exclamam que é bom demais para ser verdade.

A fé, para muita gente, é como fogo de artifício: só serve para encher os olhos.

Existem os céticos profissionais que, quando se diz que a fé remove montanhas, confessam: “Não conhecia essa marca de trator”.

Para muitos, a fé é como um banco que só empresta para quem conseguir provar-lhe que não precisa de dinheiro.

O CURIOSO ESTÁ CERTO

Inteligente é aquele que não acredita, mas é curioso. Como você. Não nega nem acredita, mas não foge da raia. Faz como aquele personagem da Escolinha do Professor Raimundo, que olha firme nos olhos do interlocutor e irrompe: "Convença-me".

Que bom que você é curioso, porque, sentado na cadeira do seu ceticismo, está disposto a ver e ouvir que se tem a dizer sobre a fé que remove montanhas.

É provável que já esteja imaginando aquela piada em que o pregador perguntou a um ouvinte se apreciara o sermão da fé que remove montanhas e o homem respondeu de imediato:

- Gostei, mas pra mim não serve, porque só tenho um terreninho plano.

OS PRIMEIROS PASSOS

Vamos, desde já, ver se existe essa energia estupenda, chamada fé; quem falou sobre ela; o que foi dito; qual a fórmula; se existe possibilidade de comprovação científica; as experiências que possam ser feitas.

Não quero que você chegue dizendo amém. Convido-o, isto sim, a pesquisar comigo, porque, se chegarmos a descobrir que Jesus falava uma verdade científica quando disse que a fé remove montanhas, teremos feito a mais importante e benéfica descoberta para a humanidade.

Vale a pena o rastreamento dessa informação.

Praticamente todas as grandes descobertas aconteceram apesar do ceticismo e da oposição do resto dos mortais.

De qualquer maneira, já começamos com uma vantagem privilegiada: nosso ponto de partida é a palavra daquele que foi considerado o maior sábio que pisou este planeta: Jesus.

As grandes descobertas aconteceram apesar do ceticismo do resto dos mortais

2

A FANTÁSTICA ENERGIA!

Quando visitei as cataratas do rio Iguaçu, na fronteira entre o Brasil e a Argentina, fiquei extasiado com a grandiosidade da cena que se descortinava aos meus olhos.

Muita gente lá estava comendo picolé ou se divertindo com gostoso cachorro-quente, mas eu não cansava de imaginar a força irresistível daquela montanha de água que sobrepujava qualquer obstáculo. Mas, por incrível que pareça, o ser humano, com a luz da sua mente, conseguiu dominar essas forças furiosas e arrasadoras, transformando-as em eletricidade pacífica, para mover, controladamente, cidades e campos.

Em 1945, a inteligência científica conseguiu concentrar e desencadear uma incrível energia, chamada bomba atômica.

No outro dia, viajei num imenso avião, de

cem toneladas, que parecia um edifício de quatro andares. Que força estupenda era aquela, capaz de levantar do solo esse casarão pesado, carregado, e fazê-lo voar a dez mil metros de altura?

Você não viu, algumas décadas atrás, quando, ao simples apertar de um botão, o homem conseguiu fazer subir um foguete que percorreu trezentos mil quilômetros e acabou aterrissando na lua?

E aquele moço e aquela moça que, num momento de prazer, conseguiram dar vida a um ser que hoje, setenta anos depois, continua vivo, andando, correndo, trabalhando, fazendo e acontecendo?

Acredita você que o homem, num piscar de olhos, é capaz de explodir uma montanha? Pois é capaz.

A DESCOBERTA DO BOTÃO QUE ACIONA A FORÇA

Surgiu neste planeta, há aproximadamente dois mil anos, um personagem estranho e assombroso, que sabia usar o poder e a energia humana, cósmica e divina.

Chamava-se Jesus e dizia-se filho de Deus, com poderes infinitos.

Conhecia perfeitamente o segredo do uso do poder.

Sabia usá-lo como ninguém.

Por simples ato da sua palavra, acalmava tempestades; serenava ondas revoltas do mar; multiplicava pães e peixes; curava instantaneamente paralíticos, cegos, coxos, aleijados, doentes desenganados; restituía a vida a mortos; tornava-se invisível; transformava-se em energia luminosa; foi capaz de ressurgir três dias após sua morte; conseguiu elevar-se às nuvens e desaparecer definitivamente.

Multidões o amavam e aplaudiam seus prodígios; outros tantos o temiam.

Jamais se viu alguém fazer tudo que ele fazia.

O QUE JESUS FAZIA VOCÊ TAMBÉM PODE

Certa vez, diante da multidão fascinada, Jesus revelou:

"*Aquele que tiver fé, fará as obras que eu*

faço e fará obras ainda maiores que essas". (Jo. 14,12)

Aqui ele começa a desvendar o segredo do seu poder.

Em outra ocasião, afirmou:

> *"Aquele que tiver fé, expulsará os espíritos malignos; falará línguas novas, pegará em serpentes, se beber veneno mortífero não lhe fará mal; imporá as mãos sobre os enfermos e eles ficarão curados". (*Mc 16,17-18).

Por essa revelação, ensinou que o seu poder não era privilégio apenas seu, mas dom existente em todo ser humano.

Com a maior clareza, o Mestre apresenta à humanidade a mais estupenda das descobertas.

Disse, com todas as letras, que você, eu, qualquer pessoa, temos o poder de acalmar tempestades, multiplicar alimentos, aplacar a fúria das águas, transformar água em vinho, atrair pei-

**O que o Mestre pôde,
você também pode.**

xes para a pesca abundante, fazer aparecer o dinheiro necessário (como ele o fez através da guelra de um peixe); curar lepra, paralisia, câncer e todo o tipo de enfermidade.

Falou também que você tem poder de transportar montanhas, fazer milagres, tudo alcançar e tornar possível o impossível.

OS TEMPOS SÃO CHEGADOS

Não basta saber que você tudo pode.

Jesus afirmou essa verdade há dois mil anos e tudo continua como dantes no quartel de Abrantes.

Diante disso, talvez você me chame de pretensioso: Se até agora ninguém, ou quase ninguém, descobriu a fórmula de Jesus para operar milagres, porque seria eu o privilegiado?

Não é que eu seja privilegiado, os tempos é que são chegados.

Jesus sabia que girariam séculos até que o homem se desse conta das revelações que fazia. Disse, diante da humanidade cega e surda: "Tendo olhos não veem, tendo ouvidos não ouvem".

Mesmo sabendo da incredulidade secular,

proclamou: "Passarão os céus e a terra, mas minhas palavras não passarão".

"Natura não facit saltus" – diz a sabedoria latina. Quer dizer: A natureza não faz saltos.

Como Jesus visitaria esta terra uma só vez, era-lhe indispensável que a verdade fosse dita, ainda que demorasse alguns milênios para ser assimilada.

Não perdeu a oportunidade, apesar de tudo.

Se pelas verdades mais simples ele acabou executado na cruz, imagine se tivessem percebido que falava de um poder capaz de mover montanhas.

Para Deus, o tempo é espaço inexpressivo. Dois mil anos de espera, ou mais, não passam de alguns segundos de eternidade.

O mais maravilhoso é que o tempo chegou.

Lance um olhar para trás e contemple a caminhada sofrida da humanidade, vitimada por guerras, catástrofes, pestes, doenças incuráveis, injustiças, fome, misérias, hostilidades, primitivismos, ignorância, decepções, fracassos, desgraças sem fim.

Olhe para o mundo de hoje e, embora em escala menor, você constata: câncer, aids, infartos, diabete, cegueiras, surdez, paralisia, doenças de todo tipo, misérias, injustiças, prejuízos, prepotência, sofrimentos, desamor, ódios, agressões, assaltos, assassinatos, sequestros, privações de toda espécie. Muitos chegam a pensar que a humanidade vai de mal a pior.

Como podem ter chegado os tempos?

Como é possível acreditar-se na existência de um poder ilimitado na criatura humana, se ela anda de arrasto, mal suportando sua carga?

Se nem mesmo os cristãos, com todo seu alto cortejo de teólogos, pensadores, escritores, pregadores, ascetas, contemplativos, filósofos e sociólogos, conseguiram vislumbrar essa verdade no acervo dos ensinamentos do Cristo, como posso eu enxergá-la?

Não sou o primeiro e nem o último.

Os tempos são chegados.

Ao longo dos séculos, muitos videntes, iluminados e precursores, haviam detectado a verdade da existência do poder infinito na criatura humana, mas passaram despercebidos pelo grosso da humanidade.

Agora os tempos são chegados.

Nem um milhão de anos sofridos é argumento inteligente para provar que não exista poder ilimitado na pessoa.

O universo atravessou mais de dois bilhões de anos sem conhecer o avião e nem por isso ele deixou de ser inventado.

Os tempos são chegados.

3

A FÉ: A MAIOR DESCOBERTA DO UNIVERSO

Até Jesus, não se tem notícia de que algum sábio ou descobridor tenha falado da fé.

Segundo o grande Mestre, tudo o que a mente pode imaginar, criar, conceber, a fé pode realizar.

A fé permite ao ser humano exercer, na mais ampla plenitude, o seu poder criador.

A fé determina o processo pelo qual o poder é desencadeado.

A fé é a fórmula infalível do poder humano.

Sempre que existir fé, existirá a realização do poder.

Não pode existir fé sem que seja acionado o poder.

Fé: o caminho mais curto entre o pensamento e a realização.

"*A fé* – escreveu o famoso escritor russo

Leon Tolstoi – é a força motriz da vida".

TUDO QUE PEDIRDES COM FÉ

Certa vez, o Mestre ensinou que "*tudo o que pedirdes, em estado de oração, com fé, alcançareis". (*Mt 21,22).

Por esta afirmação, Jesus faz diversas revelações fantásticas.

Primeira: O ser humano pode conseguir tudo o que quiser. Qualquer coisa que lhe seja dado criar na mente, pode realizar. Não há nenhum limite a não ser o que a própria pessoa se impõe.

Jesus usou a palavra "TUDO" sem qualquer restrição.

"ESTADO DE ORAÇÃO" compreende momento de profundidade espiritual, concentração, nível alfa, nível mental em que você se torna uno com seu pensamento e com o Deus imanente.

Com "FÉ" – é a chave do poder. Aqui reside o segredo.

"ALCANÇAREIS" – é o resultado final, acabado, total, perfeito, completo.

QUEM TEM FÉ TUDO PODE

Quando aquele pai, já desiludido dos médicos e curadores, foi ao encontro de Jesus e perguntou-lhe se podia curar o filho, que sofria de ataques, teve esta resposta:

- *Quanto ao poder, quem tem fé tudo pode.* (Mc 9,23).

Aqui, novamente, o Nazareno insiste na verdade de que a fé jamais esbarrará numa força maior. Nada, nem ninguém, conseguirá resistir ao ímpeto todo-poderoso da fé.

Pela fé, o poder humano atinge as raias do infinito. Infinito relativo, é claro. Significa que, tão infinito quanto infinita possa ser a mente, assim é o poder da pessoa.

Os limites humanos não estão nos obstáculos ou nas impossibilidades dos desejos, mas no tamanho do pensamento e da fé.

Os limites humanos não estão nos obstáculos mas no tamanho do pensamento e da fé.

Se você cria um pensamento pequeno, o resultado será pequeno. A fé medíocre terá resultado medíocre, ou nenhum resultado.

Na verdade, não se poderia falar em fé maior ou menor: ou se tem fé absoluta ou não se tem fé.

Para dar uma comparação pitoresca, fé é como gravidez. Jamais existirá uma pessoa mais ou menos grávida.

TUDO

Jesus conhecia plenamente a força da fé. Se usou a palavra TUDO repetidamente é porque de fato assim é.

Tudo é a palavra mais abrangente que se possa imaginar.

Nada escapa à dimensão do *tudo*. Nem as montanhas.

Pense grande, que este pensamento também cabe na palavra TUDO.

Dentro do *tudo* está a cura do câncer, da aids, da paralisia, da cegueira; a sua casa, a geladeira, a tevê, a mesa, a cama, os lençóis, o armário, o forno eletrônico, as toalhas, as roupas, os sapatos, os óculos, os remédios, o dinheiro, as viagens, o banheiro, o galpão, as máquinas, o carro, os alimentos, os objetos, as diversões, o telefone, e o que mais você desejar.

Pergunte-se, neste momento, o que deseja, ou necessita, e tenha a certeza de que está incluído na palavra *tudo.*

Perceba que Jesus não colocou limitações, do tipo: "algumas coisas que desejardes"; "se for razoável o que pedirdes"; "se aprouver a Deus o que pedirdes"; "se tiverdes merecimento para o que estais pedindo"; "se for vontade do Pai"; "se não estiverdes pedindo demais". Nada disso faz sentido.

Tudo é *tudo* mesmo.

Jamais passaria pela cabeça do Mestre exagerar o discurso apenas para impressionar os ouvintes. Empregou o vocábulo TUDO porque expressava perfeitamente o conteúdo da sua verdade.

A ciência do Poder da Mente, com todo seu

imenso cortejo de mestres e pensadores, confirma a verdade do Nazareno.

Por diversas vezes Jesus usou a palavra TUDO:

> *"Quanto ao poder, quem tem fé TUDO pode"*. (Mc 9,23).
>
> *"TUDO que pedirdes com fé, na oração, alcançá-lo-eis"*. (Mt 21,22).
>
> *"Crede firmemente que recebereis TUDO quanto pedirdes na oração – e ser-vos-á dado"*. (Mc 11,24).
>
> *"TUDO quanto pedirdes em meu nome, eu o farei, para que o Pai seja glorificado no Filho"*. (Jo. 14,13).
>
> *"Se permanecerdes em mim e minhas palavras permanecerem em vós, pedireis TUDO quanto quiserdes e vos será dado"*. (Jo. 15,7).
>
> *"Então o Pai vos concederá TUDO o que pedirdes em meu nome"*. (Jo. 15,16).

4

A FÉ QUE REMOVE MONTANHAS

No caminho entre Betânia e Jerusalém havia uma figueira e Jesus e seus discípulos foram até ela para apanhar figos, pois estavam com fome. Não havia fruto nenhum. Jesus amaldiçoou-a.

Outro dia, ao passarem pela figueira, Pedro viu que estava seca e ficou admirado.

Jesus aproveitou o momento:

> *"Em verdade, vos digo que, se tiverdes fé e não vacilardes, não somente fareis o que sucedeu à figueira; mas, se disserdes a este monte: sai daqui e lança-te ao mar – assim acontecerá".* (Mt 21,21).

A verdade de que a fé remove montanhas teve origem nesse episódio da vida do Mestre.

Fico refletindo nessa afirmação e me interrogo se ele estava falando em parábola, usando apenas uma comparação forte, ou estava declarando uma verdade literal.

A descrição é tão direta que leva a pensar que ele estava trazendo uma verdade absoluta.

De imediato, torna-se difícil aceitar que exista uma força ou uma fórmula capaz de remover uma montanha daqui e jogá-la no mar. Mas, espere um pouco, a ideia não é tão inconcebível como você está imaginando. Hoje, por exemplo, você pode apertar um botão e, num instante, pela explosão de uma super-bomba atômica, lançar a montanha ao mar. A energia vulcânica tem derrubado montanhas e tem erigido imensas montanhas. Quer dizer que a força capaz de mover montanhas existe.

A FORÇA INTERIOR

Há inúmeros fatos que demonstram a capacidade humana de acionar uma fantástica força estranha e misteriosa através da mente.

Jesus, por exemplo, acalmou, com sua palavra, as águas revoltas do mar da Galileia: as ondas serenaram e os ventos amainaram.

Moisés abriu as águas do Mar Vermelho

para que seu povo passasse a pés enxutos; Josué fez parar o sol para que seu exército conquistasse Jericó durante o dia; o profeta Elias fez chover e deixar de chover, segundo sua palavra.

Tenho lido muitos fatos de pessoas que, pela fé, sobrepujaram frios insuportáveis, as águas gélidas do oceano, dias perdidos em montanhas, sem alimento.

POSSÍVEL EXPLICAÇÃO

Querer explicar o fenômeno da força desencadeada pela fé parece uma façanha transcendental.

Faz-me lembrar aquela vez em que uma senhora pediu ao inventor Thomas Alva Edison para que lhe explicasse a eletricidade.

Respondeu Edison:

"A eletricidade não se explica, minha senhora, se usa".

O que importa é usar a força da fé. Ela existe, tem sido empregada por Jesus e por outras pessoas.

Uma explicação plausível vem do fato de que o ser humano tem origem divina. É filho de

Deus, feito à imagem e semelhança divina. Dentro da sua dimensão finita, tem capacidade criadora divina.

Deus criou o universo, com suas galáxias, estrelas, planetas, sol.

Criou a Terra, com suas montanhas, oceanos, rios, florestas, vales, rochas, praias, vulcões, terremotos, ventos, nuvens, chuva, calor, gelos polares, desertos.

Depois, criou seres humanos, da sua própria espécie, para continuarem a obra da criação do mundo.

A simples análise dessas descrições da bíblia fazem concluir que o ser humano é ser divino, com capacidade e poderes divinos. Em segundo lugar, que esses poderes divinos transcendem a dimensão natural e, por isso mesmo, tornam-no superior às forças e energias da natureza, portanto com possibilidade de atuar sobre qualquer estágio

Se não houvesse a
palavra de ordem, a montanha
jamais seria deslocada.

da natureza e da matéria, inclusive remover montanhas.

COMO MONTANHAS PODEM SER REMOVIDAS

Hoje, ninguém duvida que a palavra e a fé podem remover montanhas de forma natural. Por exemplo, um governante pode dar ordem para que se remova uma montanha. Em atendimento à sua palavra, milhares de pessoas, com tratores, bombas, explosivos, maquinarias, engenharia, conseguirão transportar a montanha.

Se não houvesse a palavra de ordem, a montanha jamais seria deslocada.

Seja como for, ninguém porá dúvida de que aquela montanha foi lançada ao mar pela determinação da palavra.

Até por esse tipo de consideração, o ensinamento de Jesus não é tão impossível quanto

**A palavra contém a energia,
a substância e a forma.**

parece.

PODER SEM AÇÃO É ZERO

Deus sempre foi o Poder Infinito, no entanto o mundo foi criado por ele há pouco tempo. Você tem poder, mas não é pelo simples fato de ter poder que seus projetos acontecem.

Todas as pessoas do planeta têm poder, mas isso não basta. Há aquelas que não sabem que têm poder; outras sabem que têm poder mas não sabem usá-lo; ainda outras conhecem a existência do próprio poder e não querem usá-lo.

O poder não é a ação. Nem a materialização.

Todo trator tem força, mas, se não for acionado, não moverá uma palha. O avião tem poder de voar, mas não sairá do chão se essa força permanecer adormecida.

Poder não é ação. Sem ação não há materia-

A palavra não é a força, mas aciona a força.

lização.

A PALAVRA ACIONA O PODER

Se não é o poder que move montanhas, o que é?

É a palavra determinada para mover montanhas.

Deus é o Poder Infinito, mas o mundo somente foi feito quando ele disse: FAÇA-SE.

A palavra é a ação divina todo-poderosa.

Veja como começa o evangelho de João:

> *"No princípio era a Palavra, e a Palavra estava com Deus, e a Palavra era Deus. A Palavra estava com Deus no princípio. Por ela foram feitas todas as coisas; e nada do que foi feito, foi feito sem ela".* (Jo 1,1-5).

Paulo escreveu aos hebreus: "Foi pela fé que compreendemos que os mundos foram formados pela palavra de Deus". (Hb 11,3).

O princípio criador do mundo foi a palavra.

A energia criadora do universo foi desencadeada pela palavra.

O poder divino manifestou-se pela palavra.

A palavra divina é una com Deus. Deus é sua palavra.

O ser humano também é a sua palavra.

O poder criador de uma pessoa é exercido pela sua palavra.

A palavra contém a energia, a substância e a forma.

Tire o dom da palavra ao ser humano e nada acontecerá na sua vida.

A PALAVRA COMANDA O PODER

A palavra nasce da mente, que é a manifestação do espírito, que é a expressão divina, que é a expansão de Deus.

A palavra humana, pois, tem poder criador, porque toca o divino.

Deus, ou o poder de Deus, se manifesta no homem pela palavra.

Pela palavra você faz todas as coisas; e nada do que você faz pode ser feito sem a palavra.

Os grandes exércitos, nas guerras, movimentaram-se pela palavra de comando; Nova Iorque, Rio de Janeiro, Paris e todas as cidades aconteceram pela palavra; qualquer coisa que você tenha na sua casa é resultado da palavra de alguém.

Quer você saiba ou não porque a sua palavra cria a realidade, ela sempre age, uma vez que necessariamente toca o Poder.

Foi a palavra interior do homem que acionou o botão do foguete espacial, que, por sua vez, explodiu a sua força e esta o conduziu à lua.

A palavra não é a força, mas aciona a força. Como vem sempre fundida na força que produz o resultado da palavra, no fundo, tanto faz supor uma ou outra coisa.

O exercício divino do homem só pode ser efetuado pela palavra.

5

SÓ A PALAVRA VERDADEIRA REALIZA-SE

O grande Mestre sempre ligou o poder do ser humano à palavra do próprio ser humano. Ele ensinou, certa vez:

"*Pedi e dar-se-vos-á... porque todo aquele que pede recebe*". (Mt 7,7-8).

Pedir é uma maneira de usar a palavra. Pedido é palavra.

A palavra expressada em forma de pedido aciona o poder divino imanente no indivíduo.

O resultado é infalível: "*Dar-se-vos-á*".

Segundo Jesus, não pode haver verdadeiro pedido sem acontecer a resposta correspondente.

A palavra é o poder criador, que contém o poder materializador.

Lembrando aquela passagem do Mestre:

"*Se alguém disser a este monte: Sai daqui e lança-te ao mar; e se não*

> *duvidar em seu coração, mas crer firmemente na realização da sua palavra – há de acontecer assim mesmo".* (Mc 11,23).

"Se alguém disser" – aí está a palavra que detona o poder materializador.

Numa outra ocasião, afirmou ele:

> *"Até agora nada pedistes, pedi e recebereis para que a vossa alegria seja completa".* (Jo 16,24).

Novamente, o recebimento é fruto da palavra.

Em Mateus, Jesus reafirma a mesma verdade:

> *"Tudo que pedirdes com fé, na oração, alcançá-lo-eis".* (Mt 21,22)

Toda palavra é ato criador humano-divino

PALAVRA É PENSAMENTO

A palavra é o botão que aciona o poder criador mental. Sinônimo de pensamento.

Toda palavra é ato criador humano-divino.

A realidade do indivíduo é resultado da sua palavra interior.

A palavra e o pensamento manisfestam-se por múltiplos métodos, por exemplo, pela fala, pelo desejo, pelo vocábulo, pelo clamor, pela mentalização, pela meditação, pela contemplação, pela imaginação, pelo escrito, por fórmula, pelo canto, pelo gesto, assim por diante. Sempre, porém, há de ser criação mental, que procede do espírito, que é originário de Deus.

Dizer é acontecer.
Pedir é receber.
Falar é fazer.
Pensar é poder.
A palavra é o veículo da fé.

A PALAVRA OCA

Toda palavra produz a realidade?

Sim, toda palavra verdadeira.

Porque existem palavras e palavras.

Palavras verdadeiras e falsas.

Palavras substanciais e palavras ocas.

Somente produz a realidade a palavra que representa a verdade mental do seu autor.

A palavra falsa não produz a realidade, porque nela não está a verdade do seu autor. Se você diz "eu sou bom", mas acredita que é mau, jamais será bom, porque sua palavra é falsa.

A palavra oca também não se materializa, uma vez que nela inexiste substância. Não existindo a substância da palavra, não existirá a palavra. Por isso, nada acontecerá.

Se você diz, por exemplo, "eu terei uma casa", mas não acredita que seja possível, está professando a crença de que nunca poderá ter casa: sua palavra é oca, sem consistência, sem substância, portanto a forma, que é a materialização, não acontecerá. Se não há substância, não haverá forma, não haverá materialização.

Somente a verdade mental contém a realidade física.

Palavra oca é apenas casca. A casca, por mais bonita que seja, não produzirá a árvore.

A PALAVRA CAMUFLADA

Existe palavra camuflada?

Sim. É aquela que se esconde sob uma capa diferente.

Quando falo palavra camuflada, falo em verdade camuflada.

Seja qual for a sua verdade mental, esta se realizará.

A verdade camuflada não expressa a verdade mental.

Suponhamos que você tenha câncer no estômago. Na igreja, em casa, em reuniões, faz a oração da cura do estômago. No fundo, porém, você pensa que a doença é incurável, crê ser impossível que uma simples oração possa acabar de-

Qualquer realidade nasce na mente.

finitivamente com uma doença de dez anos, resistente a todo tipo de remédio e tratamento. Neste caso, a sua palavra é de cura, mas a sua verdade camuflada reside na descrença da cura. Esta é a sua verdadeira palavra e não a oração da cura. A sua oração foi oca, sem substância, sem essência, sem verdade. Não podia acontecer.

Resultado: prosperará a doença, fruto da sua verdadeira palavra.

Repetindo: a sua verdadeira palavra está onde você situar a sua verdade mental. Esta sempre produz os resultados.

Em tempo: não estou falando em verdade como identificação entre a palavra e o objeto correspondente. Por exemplo, se digo que esta folha é branca e na realidade ela é branca – estou falando uma verdade. Mas aqui não se trata disso.

A verdade mental, a que me refiro, é a identificação da sua palavra com a sua crença a respeito dessa palavra. Falo em verdade mental, que não precisa necessariamente fechar com a realidade física e, no mais das vezes, nem deve.

O QUE CONTA É A VERDADE MENTAL

Verdade mental é a identificação do seu pensamento com o conteúdo do mesmo.

Pedro, por exemplo, mora numa favela, é pobre, passa necessidade.

Ele mentaliza: "Eu sou rico".

Se interiormente considera a afirmação uma mentira – porque é pobre e está passando privações – sua palavra é oca, não verdadeira, uma vez que não houve coincidência entre a palavra e o conteúdo da mesma. Não houve verdade mental.

Se está convicto de que a sua palavra interior, pela lei da mente, contém a materialização, realmente tornar-se-á rico, porque existe a verdade mental.

Se acredita no conteúdo da sua afirmação, certo de que se realiza, está de posse da verdade mental.

A palavra, para ser verdadeira, deve conter a verdade mental, que é a univocidade entre o pensamento e o significado que expressa.

Não há necessidade que coincida a afirmação com a realidade, mas é imprescindível que acredite que a afirmação contém e produz a realidade da própria afirmação. É assim que se aciona o poder.

Pedro não está afirmando "eu sou rico" porque é rico materialmente, mas porque esta afirmação o faz rico materialmente.

Como palavra é poder criador, não importa se confere com a situação atual.

O papel do poder criador é criar e não confirmar uma realidade existente.

Criar é fazer existir o que não existia.

Cria-se primeiro mentalmente. A materialização é o efeito da criação mental.

Qualquer realidade nasce na mente.

Quando você conhece esta verdade, encontrou a fórmula milagrosa da vida.

A VERDADE MENTAL DE JESUS

Quando o Mestre foi à sepultura de Lázaro, seu amigo, irmão de Marta e Maria, para ressuscitá-lo, postou-se diante do sepulcro e fez a seguinte oração:

> *"Graças te dou, ó Pai, porque tu me atendeste. Eu bem sei que sempre me atendes, mas digo isto por causa*

da multidão que me rodeia, para que tenham fé que tu me enviaste". (Jo 11,41-42).

Jesus ia ressuscitar Lázaro. Estava diante da sepultura do amigo com a intenção clara de fazê-lo reviver. Esta era a sua palavra interior. A palavra legítima é verdade mental e toda verdade mental não pode deixar de materializar-se. Isso tudo era muito evidente na sabedoria do Mestre.

O desejo da ressurreição é a própria ressurreição.

Na mente do Cristo, Lázaro tinha voltado à vida:

"Graças te dou, ó Pai, porque tu me atendeste".

Para Jesus, palavra e realidade são a mesma coisa. Tempo e espaço não contam.

É por isso que na oração do Mestre, Lázaro já tinha retornado à vida, embora o fato ainda não tivesse ocorrido no tempo e no espaço.

"Graças te dou, ó Pai, porque tu me atendeste".

O Pai atendeu o quê?

Atendeu a palavra interior de ressurreição.

A fé, em Jesus, era absoluta, tanto que

acrescentou:

"Eu bem sabia que sempre me atendes".

Somente após a oração é que Jesus bradou:

"Lázaro, vem para fora".

E Lázaro voltou à vida.

Fez-se na realidade aquilo que já estava feito na mente do Mestre.

6

ONDE ESTÁ O SEGREDO DA FÉ?

Qualquer curioso e, mais ainda, qualquer cientista, tem interesse e necessidade de saber o que é esta fé que remove montanhas, cura doenças, produz milagres, tudo alcança, materializa a palavra, realiza o desejo.

Afinal, que força estranha é essa que jamais foi barrada por obstáculo algum?

Mesmo que a sabedoria humana, no exercício de sua capacidade máxima de raciocínio e análise, não consiga saber como realizar um desejo ou determinação mental, a fé encontra o seu próprio caminho e realiza.

Estamos diante do fenômeno mais fantástico do universo.

Resta saber qual é a fórmula da fé.

Jesus a definiu?

Algum sábio já descobriu?

JESUS DESVENDA O SEGREDO

Todos os poderes do Mestre estavam fundamentados no conhecimento do segredo da fé.

O Cristo conhecia e usava como ninguém o segredo.

Revelou ele, certa feita:

> *"Aquele que tiver fé fará as obras que eu faço e fará obras maiores ainda do que estas"*. (Jo 14,12).

A fé, portanto, não era uma força superior inerente apenas à esfera divina.

Tratava-se, segundo Jesus, de uma potencialidade divina cabível no espaço humano.

Pela fé, Deus cometeu a impressionante generosidade de injetar o poder divino na dimensão humana.

Pelo lado divino, logicamente não pode haver delimitação ao poder e à fé. O infinito alcança o infinito.

Como o ser humano é finito, claro que o conteúdo não pode ser maior que o recipiente. Quanto maior, porém, a dimensão do recipiente, tanto maior poderá ser o uso do poder e da fé.

Não há limites para o exercício da fé a não

ser o limite que a pessoa se impõe.

Pela fé, você pode praticar o que Jesus realizava aqui na terra, porque, em Jesus, o divino se fez humano e a dimensão humana do Cristo é a mesma de qualquer cidadão deste planeta.

Jesus, o sábio, sempre foi categórico em afirmar que, pela fé, você tudo pode.

> *"Aquele que tiver fé fará as obras que eu faço"*. (Jo 14,12)

7

JESUS DEFINIU A FÉ E DEU A FÓRMULA

Quando o Mestre ensinou que, se você tiver fé, poderá dizer a este monte: "Sai daqui e lança-te ao mar e assim será", também definiu como se procede para que isto aconteça.

Ao revelar que você tem poder de mover montanha, ao mesmo tempo explicou a fórmula para que você consiga tão incrível proeza.

Com isto, definiu a fé.

Fé, no dizer de Jesus, é *"crer firmemente na realização da sua palavra"*. (Mc 11,23).

Eis aí de maneira simples, clara, precisa, a fórmula da fé: *"Crer firmemente na realização da sua palavra"*.

A fórmula é clara, mas a prática não é tão simples quanto parece à primeira vista.

Depois de ensinar que o poder criador do homem é exercido pela palavra; que a palavra contém a própria manifestação divina em seu bojo; que a manifestação divina contém a força criadora do FAÇA-SE – o Mestre, então, revelou o detalhe essencial: não é qualquer palavra que realiza o poder criador, mas apenas a palavra acreditada.

Quando existir unidade absoluta entre a palavra e o conteúdo da mesma, existirá fé.

"Crer firmemente na realização da sua palavra".

CRER – significa adesão total e absoluta da mente.

Crer – não necessita o conhecimento do mecanismo de funcionamento, nem saber como e porque o milagre acontece; nem descobrir a essência do explosivo que remove montanhas; mas implica em admitir unilateralmente, de forma indiscutível, que assim é e assim será.

Crer – não exige esclarecimento científico, embora não seja incompatível com ele e nem o exclua.

Crer – tem a ver com o conhecimento do efeito, mesmo que nada saiba sobre a causa.

FIRMEMENTE – significa que a mente aceitou aqui e agora a palavra criadora como verdade absoluta e irreversível.

Firmemente – de maneira definida e definitiva.

Firmemente – é a sua verdade perene, tranquila, óbvia, límpida, redonda, completa.

Firmemente – porque você sabe que fé é uma lei e toda lei universal e divina jamais pode falhar, quando as premissas são colocadas corretamente.

Firmemente – não admite dúvida, nem descrença, nem hesitação, nem desinteresse, nem retorno, nem rejeição, nem desconfiança e nem medo.

Firmemente – seu sentido foi explicado por Jesus: "Não duvidar em seu coração".

Na REALIZAÇÃO – significa aceitar verdadeiramente que a palavra, o desejo, a oração, a mentalização, o pedido, a súplica, realiza-se infalivelmente.

Realização – é o produto da palavra, o efei-

A fé é intransferível,
individual, sua, somente sua.

to, o resultado final, o milagre, a forma, a concretização.

Realização – não pode haver fé sem obras, ou seja, sem o resultado, sem a materialização. E não pode haver realização sem acreditar que a palavra, ipso fato, a produz.

Realização – aqui está o ponto crucial: são poucos os que acreditam que a sua palavra interior contém e faz a realidade.

Realização – só alcança o milagre quem sabe que a concretização da palavra é inevitável.

Realização – muitas vezes o milagre esbarra aqui, pois inúmeras pessoas não acreditam que possa acontecer o que desejam.

Realização – sempre que esta existir, existiu a fé. Se não acontecer a realização, não houve fé. Aqui está o xis da questão.

Realização – é, enfim, a evidência da fé.

Da SUA – A fé é intransferível. Individual. É sua. Somente sua.

Sua – ninguém pode crer por você ou emprestar a fé a você.

Sua – você é que deve chegar à univocidade entre o seu desejo e a realização.

Sua – você pode pedir aos outros que o ajudem a ter fé, a reforçar a fé, mas, para obter o bom resultado, ao fim e ao cabo deve crer firmemente na realização da SUA palavra.

Sua – mesmo que peça fé a Deus, ou na Nossa Senhora, ou no santo da sua devoção, ou peça a cura através de espiritualista, a sua mente deve chegar ao ponto de acreditar na realização do seu desejo, que é a SUA palavra interior. A última palavra é a Sua.

PALAVRA – é a manifestação do seu pensamento. É o exercício do seu poder criador. É seu ato mental. É a ideia, a oração, o pedido, o desejo, o ideal, o projeto, a necessidade, o prazer, a verdade, a determinação pessoal.

Palavra – é toda sua criação mental.

Palavra – qualquer concepção racional.

Palavra – ação mental, ou espiritual, ou sentimental.

Pela fé, dá-se a fusão
entre pensamento e realidade.

O APÓSTOLO PAULO TAMBÉM DEFINIU A FÉ

Houve um único discípulo de Jesus que também definiu a fé. Foi o apóstolo Paulo, numa carta aos hebreus:

> *"A fé consiste na firme confiança daquilo que se espera e na convicção daquilo que não se vê".* (Hb 11,1).

FIRME – mesmo vocábulo que Jesus empregou. Significa inabalável, definitivo, irredutível.

CONFIANÇA – é palavra que vem do verbo latino "Confidere" (con+fidere: confiar, ter fé).

Confiança – quer dizer certeza, crença.

DAQUILO QUE SE ESPERA – realidade futura. Você tem certeza de que aquilo que espera acontecerá infalivelmente.

CONVICÇÃO – certeza mental.

DAQUILO QUE NÃO SE VÊ – embora ainda não tenha acontecido no tempo e no espaço.

Numa outra tradução da carta de Paulo, consta:

> *"Fé é a posse antecipada daquilo*

> *que se espera, um meio de demonstrar as realidades que não se veem".* (Hb 11,1).

POSSE ANTECIPADA – a mente toma posse por antecipação daquilo que, com certeza absoluta, acontecerá no tempo e no espaço.

Na sua tradução da Vulgata Latina, o Padre Antonio Ferreira assim a expressou:

> *"A fé é a substância das coisas que se devem esperar, um argumento das coisas que não aparecem".* (Heb, 11,1).

Toda substância contém a sua forma. A substância é mental e a forma é matéria correspondente. Pensamento e realidade, na definição da fé, são unidade indissolúvel. São verso e reverso da mesma realidade.

ARGUMENTO DAS COISAS QUE NÃO APARECEM – argumento é a verdade mental comprovada. Mesmo que ainda não esteja mate-

A fé é o futuro
feito presente.

rializado, pela fé se tem o argumento comprobatório de que assim é e assim será.

O PRINCÍPIO DA FÉ

O princípio da fé, ou seja, a essência, consiste em tomar posse mentalmente daquilo que se deseja.

O processo da fé funde a realidade mental na realidade física. Em verdade, este é o processo do milagre.

Realidade mental e realidade física são as duas metades da mesma realidade, que se exigem necessariamente. Este é o princípio da fé.

Pela fé, dá-se a fusão de causa e efeito, de substância e forma, de essência e expressão, de pensamento e realidade.

Um desejo, por exemplo, pode ser um simples pensamento aleatório, uma criação mental tida como impossível, um sonho irrealizável, uma brincadeira mental, uma ilusão, uma falsidade,

Para a fé, o pensamento é o único limite.

uma esquizofrenia, uma alucinação, uma mentira. Esse pensamento nasceu sem vida.

Você pode, no entanto, criar um desejo acreditado, que você tem certeza de que vai acontecer, que não duvida da realização, que você sabe que assim é e assim será infalivelmente. Neste caso, seu desejo contém o princípio da fé. Impossível não acontecer. A fé, sendo fé, sempre produz as obras.

Vamos supor que você vive numa favela e agora mentaliza uma casa. Mas você não consegue acreditar que terá uma casa, porque é favelado, vive num barraco, ganha muito pouco, não tem um centavo na poupança, nenhum banco lhe empresta dinheiro, ninguém quererá dar-lhe uma casa e o governo não está construindo casas populares. A sua casa mental afigurar-se-á como impossibilidade intransponível. Obviamente, você não tem fé, já que esta implica na firme certeza daquilo que espera, na crença absoluta que sua palavra se realizará. Por isso, nada acontecerá.

Na mesma favela, e nas mesmas condições, vive o Antônio. Está mentalizando uma casa. Transcendendo a sua pobreza e a sua situação de favelado, ele acredita que terá casa, porque sabe que qualquer desejo acreditado sequer pode deixar de acontecer. Sabe que, como ensinou Jesus, todo pedido já contém o recebimento. Ao invés de ficar analisando as suas impossibilidades, acredita firmemente que sua mentalização materializar-se-á, porque esta é a lei infalível da fé.

Você não terá sua casa, mas o Antônio a terá, sem dúvida nenhuma.

Pensamento acreditado é pensamento firme, unívoco, forte, irresistível, criador, milagroso.

A FÉ É INFALÍVEL

Infalível significa que nunca falha.

A fé, sendo fé, sempre realiza.

Num confronto entre a fé e qualquer impossibilidade, (como doença incurável, montanha a ser removida, riqueza para quem deve até os cabelos, um Amor para quem enfrenta a solidão há setenta anos, uma viagem a Paris para quem sequer tem um par de sapatos), a fé sempre vence.

Jesus já havia afirmado que tudo é possível para aquele que crê.

Não somente é possível, como também infalível.

Normalmente, as pessoas falham porque veem apenas a realidade existente, quando a mente deve apossar-se da realidade futura e vivenciar antecipadamente aquilo que deseja.

Como escreveu Paulo, você deve tomar posse antecipadamente daquilo que espera.

Para tomar posse antecipadamente daquilo que espera, sua mente deve abandonar a posição atual e lançar-se na realidade do desejo.

Se você vive numa favela, e faz a oração da sua casa nova, deve fazer com que a mente abandone o barraco e passe a residir na casa nova: é a posse antecipada daquilo que espera.

A fé, na verdade, é o futuro feito presente.

Escreveu, numa carta, o apóstolo João, referindo-se a Deus:

> *"Ora, sabendo que atende aos nossos pedidos, sabemos também que receberemos o que pedimos".* (1 Jo 5,15).

Veja você a declaração simples e clara de João: "Sabemos que receberemos o que pedimos". Aí está a garantia da infalibilidade.

O QUE SE PODE ALCANÇAR ATRAVÉS DA FÉ

Há teólogos, filósofos, pregadores, pensadores, que não admitem como verdade que a fé tudo alcança.

Tacham de exagero insustentável. O pior é que levam nesse arrastão o próprio Cristo.

Afirmam eles, em nome do bom senso e da inteligência, que há certas coisas que são impossíveis.

Nos seus arrazoados aceitam que algumas coisas se podem conseguir, desde que sejam razoáveis, estejam à mão e correspondam à capacidade de quem pede.

Escrevi no meu livro "O Poder Infinito da Sua Mente" que tudo o que é desejável é realizável. Houve uma respeitável autoridade eclesiástica que contestou.

Jesus, no entanto, pontificou: "*Quanto ao poder, quem tem fé tudo pode*". (Mc 14,23).

Afinal, até onde se pode chegar com a fé?

Qual é o limite último para a fé?

Onde começam os impossíveis?

Na verdade, TUDO se pode alcançar pela

fé.

O que quer que você consiga criar na mente, pode obter.

Você é seu próprio limite, porque é você quem traça a linha da sua fronteira.

Se acha que pode pouco, poderá pouco; se acha que pode muito, poderá muito; se acredita que até o impossível está ao seu alcance, também o impossível estará ao seu alcance.

O equívoco grosseiro de certas pessoas é concluírem que aquilo que eles não alcançaram ninguém poderá alcançar.

Para quem tem fé, tudo o que é desejável é realizável.

Tudo que você consegue pensar com fé, conseguirá realizar.

Para a fé, o pensamento é o único limite. Até aonde você levar a dimensão do seu pensamento, até aí atingirá seu poder realizador.

Disse Jesus:

> *"Seja o que for que desejardes, quando orardes crede que tendes alcançado e alcançareis".*

Entre essa afirmação de Jesus e a dos impossíveis dos incrédulos, tem mais peso e consistência a verdade do Mestre, porque ele era detentor da sabedoria infinita.

Muitos argumentam assim: Não vejo nenhuma possibilidade, logo é impossível. Esses colocam-se como centros da verdade única. Você já percebeu a fragilidade desse argumento.

Há pessoas prudentes que filosofam que nada pode ultrapassar as dimensões do racional. Mas o que é racional? Para Jesus era absolutamente racional admitir que a fé remove montanhas. Muita coisa que era irracional há vinte anos, hoje não o é mais. Há vinte anos, era irracional dizer que se podia escrever uma carta aqui no Brasil e no mesmo minuto a pessoa recebê-la no Japão. Hoje, o fax e a internet realizam esta proeza.

8

A FÉ É UMA LEI

Inúmeras dificuldades impedem certas pessoas de aceitarem a fé como força irresistível que tudo alcança.

Veja algumas:

* *Nem sempre é possível.*

* *Às vezes se consegue, às vezes não.*

* *Depende do merecimento de cada um.*

* *Deus faz o que quer e como quer. Se não quer atender, não atenderá, porque o poder do homem está infinitamente abaixo do poder de Deus.*

* *É absurdo supor que a gente tudo pode.*

* *Muita gente pede, raros alcançam; logo, a vida é incontrolável.*

** Se fosse verdade que a fé tudo alcança, o mundo seria diferente.*

** Quem manda é Deus e fim de papo.*

** Achar que a gente pode tudo é querer ser como Deus. Sacrilégio.*

E aí, como ficamos?

A fé é uma lei da mente, criada por Deus.

Se Deus criou a mente e a lei da fé, é óbvio que o Criador sempre está acima do criado, da criatura.

A maneira pela qual Deus rege o universo e a humanidade é através de leis.

A lei é uma verdade física, ou química, ou mecânica, ou mental, ou espiritual, ou divina, ou eletrônica, ou astronômica, ou filosófica, ou teológica, ou matemática, assim por diante.

A lei se manifesta quando as premissas são colocadas corretamente.

São duas as premissas, que, quando postas corretamente, levam à conclusão lógica e ao resultado correspondente.

A primeira premissa é um princípio, um fato, uma afirmação científica que serve de base a um raciocínio. A segunda premissa estabelece a relação intrínseca e irrecorrível com a primeira premissa. A conclusão resulta da relação lógica entre as duas premissas.

Exemplo da lei da fé.

Lei: A fé tudo pode.

Primeira premissa: fé é crer firmemente na realização da sua palavra.

Segunda premissa: ora, Pedro crê firmemente que terá uma casa.

Conclusão: Logo, Pedro terá uma casa.

Cabe ao ser humano descobrir as leis, conhecê-las e utilizá-las.

Já são do conhecimento humano inúmeras leis da física, da química, da astronomia, da eletrônica, da eletricidade, da natureza, das plantas, e tantas outras. Se eu, por exemplo, coloco a água no fogo, a água esquenta; a manteiga no fogo se derrete, ao passo que o ovo endurece. Posso fazer essas experiências milhões de vezes e o resultado será sempre o mesmo.

É também através de leis que Deus rege a criatura humana. Esta é, por sinal, a maneira mais justa, mais equânime, mais correta, mais perfeita e mais sábia de reger a humanidade.

Todos os seres humanos são filhos de Deus,

portanto Deus tem para todos a mesma bondade, a mesma justiça, a mesma generosidade, a mesma paciência, a mesma lealdade, o mesmo amor, a mesma disposição, a mesma reação, o mesmo atendimento. Não há privilegiados. Deus também não age arbitrariamente ou emocionalmente. Poderia, mas determinou não o fazer. Criou leis.

Para qualquer pessoa que coloque corretamente as premissas das leis que regem a vida humana, o resultado nunca poderá falhar. Essas leis são universais, justas, perfeitas, autoativas, infalíveis, impossíveis de serem burladas.

As premissas são as condições essenciais para que ocorra a conclusão precisa.

As leis que regem o ser humano são mentais, porque a vida é governada e dirigida pela mente.

A fé é uma lei humana criada por Deus.

Quando você coloca corretamente as premissas dessa lei, quer você saiba ou não, quer tenha religião ou não, quer viva na mata ou em Paris, seja culto ou analfabeto, feliz ou infeliz, rico ou miserável, o resultado jamais falhará.

Jesus ensinou a lei da fé: "Crer firmemente na realização da sua palavra".

Premissa primeira: crer firmemente na realização da sua palavra.

Segunda premissa: criar a sua palavra. Esta se expressa por um desejo, um pedido, um ideal, um projeto, um pensamento, uma crença, uma verdade, um sonho, uma afirmação, uma imaginação, enfim é o seu ato mental acreditado, qualquer que seja.

Conclusão: a palavra se realiza, acontece, materializa-se.

Não há limites para a dimensão da primeira premissa. Você é o seu único limite.

O pensamento cria e a fé realiza.

Tudo que você pode pensar, pode realizar. Porque esta é a lei da fé.

Para que se efetue a lei da fé, basta que você atenda corretamente às duas premissas. Nada mais é necessário para o cumprimento dessa lei. Portanto, merecimento, religião, cultura, nacionalidade, idade, sexo, aqui não vêm ao caso.

Agora você entende porque Jesus falou simplesmente assim:

> *"Pedi e dar-se-vos-á, porque todo aquele que pede recebe"*. (Mt 7,7-8).

Trata-se de lei simples, de fácil compreensão, ao alcance de qualquer indivíduo, desde o mais rústico ao mais sábio.

SE VOCÊ CONTINUA NÃO ACEITANDO

Se você não concorda que seu pedido, seja qual for, contém o recebimento; se não admite que o seu pensamento produz a realidade correspondente; se não crê que a sua palavra interior se realiza - não está cumprindo a segunda premissa da lei da fé, então o resultado não ocorrerá. Pior para você: vai acontecer o contrário, pois é aquilo em que acredita.

Imaginemos que você argumenta assim:

Primeira premissa: Eu desejo a cura do estômago.

Segunda premissa: Tenho câncer, por isso não conseguirei a cura.

Conclusão: Não ocorreu a lei da fé, porque a segunda premissa contradiz a primeira. Não foram criadas as condições para que a fé e a cura acontecessem.

A desgraça maior é que o doente acabou usando a lei da fé para manter o câncer incurável.

O raciocínio dele é este:

Primeira premissa: Creio firmemente que o câncer é incurável.

Segunda premissa: Eu tenho câncer no estômago.

Conclusão da lei da fé: Logo, meu câncer é incurável.

Eis aí porque muitos pedem e não recebem.

Aí está também porque muitas vezes acontece o contrário do que foi pedido.

Longe de ter falhado a lei da fé, esta cumpriu-se rigorosamente.

O apóstolo Tiago, na sua carta aos hebreus, já tinha dado a resposta aos que se queixavam de que pediam e não recebiam: *"Pedis e não recebeis porque pedis mal"*. (Tg 4,3).

A CÉSAR O QUE É DE CÉSAR E A DEUS O QUE É DE DEUS

Muitos resistem em admitir a verdade de que o ser humano tudo pode, porque pensam que se está tirando de Deus o que é de Deus.

– E Deus onde é que fica nisso tudo? – perguntam.

Deus é criador de tudo e de todos, portanto

superior a tudo e a todos. Determinou, no entanto, as leis pelas quais são regidos o seu universo e a vida humana. E concedeu a liberdade para que as ações humanas ganhem grandeza e valor.

Sem liberdade, você seria apenas robô de Deus.

Sem leis, estaria sem rumo e sem possibilidade de autorrealização.

A liberdade para usar ou não a lei, para empregá-la de forma positiva ou negativa, faz do homem o autor da própria vida e o responsável pelo seu fazer.

Quando alguém diz: Eu, por mim, nada peço; deixo para Deus; aceito tudo como obra de Deus – está cometendo grave ignorância.

Deus não lhe aparece a cada manhã com os itens do que você deve fazer durante o dia.

Criou-o à sua imagem e semelhança, deu-lhe inteligência, lucidez, discernimento, capacidade criadora, direito de opção e de escolha, liberdade, estabeleceu as leis que sinalizam o caminho, e delegou-lhe o poder divino para que possa realizar a vida exatamente como deseja.

Deus, pois, age em você através de você e não em substituição a você.

Deus ditou as regras.

A você pertence seguir livremente pelo caminho.

A Deus o que é de Deus.

A você o que é de você.

9

DIFERENÇAS ENTRE A LEI FÍSICA E A LEI DA FÉ

Graças a Deus, existe no ser humano esse poder incomensurável, que tudo alcança. Chamase fé e sua fórmula você a conheceu.

Talvez ainda lhe sobre uma dúvida: por que muita gente vai aplicar a fórmula da fé e nem todos conseguirão os resultados?

A fé é uma lei. Sempre que se colocam corretamente as premissas de uma lei, o resultado nunca falha.

Assim como as leis da física, da química, da eletrônica, não falham, da mesma maneira a lei da fé também não falha.

Mas, muitas vezes não acontece – insistirá você.

Sim, não acontece porque a pessoa não colocou com exatidão as premissas da lei da fé.

Nas leis físicas é fácil constatar se as premissas estão corretas. Basta verificar os produtos, o material, a aplicação e o resultado. Independem da vontade humana ou da crença. Até um aparelho pode aferir a justa aplicação da lei. As premissas funcionam autonomamente. No caso das leis físicas, o sujeito, o objeto e as premissas não têm autodeterminação, por isso atuam matematicamente.

Quando falha a lei física, você consegue detectar a causa e descobre qual a parte que não correspondeu. Digamos que você vai explodir uma ponte com pólvora: condiciona o explosivo no lugar certo, puxa um cabo elétrico, liga-o na tomada, verifica que tem energia e, então, aperta o botão que explodirá a pólvora. Nada acontece. Um eletricista apressadinho dirá que, pela primeira vez, falhou a lei da química. Resta, no entanto, a possibilidade de verificação e é logo encontrada a explicação: a pólvora estava molhada.

A lei não funcionou porque uma premissa falhara. A lei funciona somente quando as premissas são colocadas devidamente.

No caso da pólvora e da eletricidade foi fácil constatar, porque esse material não tem mente, não tem alma, não tem espírito, não tem autodeterminação.

Se você vai indo de carro e, de repente, o pneu arria, você deduz imediatamente: furou o pneu. Pela lei, o ar somente poderia sair do pneu no caso de vazamento. Jamais lhe passaria pela ideia que o pneu e a câmara tivessem tomado a decisão de expulsar o ar.

Seria impossível acontecer que o pneu resolvesse refletir: "Não aguento mais essa vida, rolando para cá e para lá, por isso vou esvaziar-me e parar de trabalhar. Declaro minha aposentadoria definitiva".

Pneu não tem mente, daí que, esvaziado, sabe-se o que ocorreu.

Tratando-se, porém, da lei da fé, acontece que o sujeito, o objeto e as premissas da lei dependem da mente humana, que, por não ser matéria, está sujeita a alterações a qualquer momento.

A mente é muito sutil, capaz de oscilar o

A mente é muito sutil, capaz de oscilar o pensamento em fração de segundo.

pensamento em fração de segundo, com isso mudando completamente a premissa da lei da fé.

No mais das vezes, a pessoa nem se apercebe de que, num instante, trocou várias vezes a ideia a respeito da mesma coisa.

Não é comum segurar uma ideia firme e sólida na mente, porque podem interferir experiências contrárias, opiniões de outros, leituras que contradizem, crenças opostas, desânimo, angústia, medos, mágoas, raivas, depressões e tantos outros pensamentos e sentimentos, tudo isso em menos de minuto.

Vamos supor que você deseja um carro e agora o está mentalizando. A mente, tomada de surpresa, começa a lembrar vertiginosamente que você não tem dinheiro, que não é fácil ter carro, que ninguém vai lhe dar um carro, que o banco cobra juros altos demais, que não tem salário suficiente para aguentar um consórcio, que seu marido se nega a comprar carro, que antes do carro é mais urgente uma casa, que mesmo que consiga o

---

Pela fé, você tudo alcança infalivelmente.

---

carro não terá verba para o combustível, que não tem garagem, que não sabe dirigir, que é pessoa muito nervosa e dificilmente será boa motorista, que carro é luxo demais num país pobre, que Jesus andava a pé, que carro é um perigo a mais de acidentes, que seu filho vai sair com o carro sem carteira, que vai dar briga porque você e seu marido quererão sair de carro ao mesmo tempo, que ele poderá usar o carro para atrair mulheres, que o carro contribuirá para um ou outro estar mais tempo fora de casa, e sei lá o que mais poderia você pensar... E você vem ainda me dizer que mentalizou com fé o seu carro. Todas essas ideias anulam a legitimidade da segunda premissa da fé.

Seu carro não acontecerá, pelo simples fato de que, nessa premissa, você está mentalizando que não terá o carro, ou que não quer o carro.

Eis porque as pessoas não alcançam o que pedem. Não foi Deus que falhou, nem é culpa de uma lei imprevisível e inconstante, mas porque não houve fé, ou seja, você disse e desdisse. Você disse e logo acrescentou: Fica o dito pelo não dito em honra de são Benedito.

Até parece aquela piada do mendigo que contava uma história comovente para conseguir esmola.

O homem então observou-lhe:

- Mas na semana passada era outra história que você contava.

O mendigo:

- Pois era, mas ninguém mais acreditava nela.

Lembre sempre que o pedir pertence a você, mas o dar é coisa de Deus; portanto, deixe para Deus o que é de Deus. Tenha fé.

NÃO É DIFÍCIL MANTER O PENSAMENTO UNÍVOCO

Como a mente consciente é muito sutil, volúvel, e pode estar a todo o momento ruminando o acervo de seus pensamentos e experiências, talvez você se apresse a dizer que é difícil ter fé, porque é difícil manter o pensamento unívoco.

Trago-lhe uma boa notícia: só cabe um pensamento de cada vez na sua mente consciente – a mente criadora – por isso, teoricamente, não é difícil manter pensamento unívoco. Basta que agora você controle seu pensamento, e também no momento seguinte, e no outro, e ainda no outro momento, assim por diante. Enquanto mantiver esse pensamento, no mesmo período não entrará outro.

Se, ao interromper esse pensamento surgir um contrário, simplesmente troque imediatamente. Com o tempo, terá a maior facilidade de segurar uma ideia unívoca.

Fé é a ideia unívoca.

Assim como o exercício físico fortalece o corpo, da mesma maneira o exercício mental fortalece a mente.

Num mundo em que o inconsciente coletivo é negativo, é natural que sua mente receba ideias contraditórias, mas a você cabe selecionar os pensamentos e cultivar só os que lhe servem.

Vá em frente e boa sorte. Com certeza.

10

A FÉ PRODUZ MILAGRES

Já dizia o grande líder israelense David Ben Gurion: "Quem não acredita em milagre não é realista".

O milagre não é o rompimento da ordem natural, mas a maneira admirável pela qual a ordem natural se estabelece.

Suponhamos que a ordem natural da cura da sua doença demandasse um período de sessenta dias. Se, porém, pela reza de um Pai Nosso você alcançou instantaneamente a cura, houve o milagre. A cura, em si, você iria consegui-la dentro de sessenta dias, portanto não é nela que está o milagre, mas na maneira admirável, inusitada, pela qual ela ocorreu.

Há aquela piada da mãe que queria ensinar à filha, muito cética e incrédula, o que era milagre.

- Vamos supor – diz-lhe a mãe – que uma pessoa caia do décimo andar de um edifício e não se machuca, o que é isso?

- Ora – respondeu a filha – isso é sorte.

- Está bem – aceitou a mãe – Mas vamos supor que esta pessoa cai de novo do décimo andar e não se machuca, o que é isso?

- Isso já é muita sorte, não é mesmo, mãe?

- Pois bem – voltou à carga a mãe – imagine agora que a mesma pessoa caiu outra vez do décimo andar e não se feriu, o que é isso?

- Bom, mãe, aí já é prática, não acha? – respondeu a filha.

Tem gente, como essa garota, que não consegue conceber o milagre.

James Allen escreveu: *"Tendo por centro de vosso ser essa fé, chegareis a possuir tanta força espiritual, que rompereis, como se fossem brinquedos de vidro, todas as forças do mal que surgirem contra vós, e alcançareis um sucesso tão excelente que um outro, sem possuir uma fé*

A fé é a causa;
o milagre, o efeito.

---

igual, apesar dos grandes esforços, não conhece nem em sonho". (Da Pobreza Ao Poder).

O milagre é o resultado da fé.

Fé e milagre formam perfeita simbiose.

A fé é a causa, o milagre o efeito.

A fé é a ação mental, o milagre é a reação manifestada.

11

OBSTÁCULOS À FÉ

A fé é o caminho infalível para se obter qualquer coisa neste mundo.

De posse da fé, você está com a receita que cura todos os males.

A fé é a única fórmula da alquimia divina através da qual você tudo alcança.

A fé foi a descoberta mais transcendental que aconteceu na face da terra, porque tudo soluciona, tudo consegue, a tudo sobrepuja.

Muitos não concordam com essa afirmação, porque já experimentaram usar a fórmula da fé e não lograram êxito.

Acontece que a fé é um produto que só pode ser usado puro. Qualquer mistura degenera seu poder.

A FÉ NÃO ADMITE DESCRENÇA

Se você não acredita que vai acontecer, realmente não acontecerá.

Por quê?

Precisamente porque não cumpriu uma das premissas da fé. Não houve, consequentemente, fé.

Você, por exemplo, pensa da seguinte maneira:

Eu quero viajar a Paris. (Primeira Premissa).

Mas não acredito que possa ir a Paris, porque não tenho dinheiro suficiente e uma viagem dessas é muito cara. (Segunda Premissa).

Há contradição, provocada pela descrença da possibilidade de ir a Paris.

Não há fé, porque fé é crer firmemente na realização da sua palavra, e você não acredita que possa viajar a Paris. Resultado: não acontecerá a viagem a Paris.

Descrer é crer ao contrário. Por isso, ocorre o contrário.

Mesmo que você invoque o Pai Celestial, todos os anjos e santos, faça as mentalizações mais profundas e fortes, se você não acredita que vai acontecer, não acontecerá.

Jesus colocou essa premissa como fundamental.

Disse ele:

> *"Seja o que for que desejardes, quando orardes CREDE que tendes alcançado e alcançareis".*

Crede – ensinou o Mestre. É necessário crer.

Afirmou ainda Jesus:

> *"CREDE firmemente que recebereis tudo quanto pedirdes na oração e ser-vos-á dado".* (Mc 11,24).

No ensinamento acima, também foi colocada a crença como base do atendimento: *"Crede firmemente"*.

É a crença que gera univocidade entre a palavra e o conteúdo da mesma, entre o pedido e o que expressa. Eis aí a essência da fé.

Lá por volta do ano setenta antes de Cristo, surgiu um grande poeta romano chamado Virgílio.

Atribui-se a ele esta afirmação: "***Podemos porque cremos poder***".

Segundo ele, a base do poder é crer nele. É verdade.

A HISTÓRIA DAQUELE MONGE

Contam que havia um monge que morava solitário lá do outro lado do rio. Todas as manhãs, uma camponesa atravessava o rio e ia levar-lhe leite para o café matinal.

Certo dia, o monge, que aguardava impaciente o leite, reclamou:

- Por que você demora tanto para chegar com o leite? Faz-me perder tempo à espera. Assim não pode ser.

- Não é por querer – explicou-lhe a campesina. – Os barcos atrasam e eu só posso chegar a essa hora.

- Barcos?! – Exclamou o monge.

- Sim, os barcos que fazem a travessia do

O Poder existe, mas se você apaga a sua chama, ele é desativado.

---

rio.

- Mas, por que você precisa de barco? Chegue à beira da água, faça uma oração com fé e atravesse o rio andando sobre a água.

- É mesmo?! – admirou-se a jovem.

- Claro! – bradou o monge.

Desde então, a camponesa nunca mais atrasou a entrega do leite.

O monge estava admirado da pontualidade da moça e perguntou-lhe:

- Como é que agora você consegue entregar o leite tão cedinho da manhã?

- Estou fazendo o que o senhor me ensinou – respondeu ela.

- Fazendo o quê?!

- O senhor me disse para rezar com fé à beira do rio e andar sobre a água. É o que estou fazendo.

O monge ficou boquiaberto. Prometeu fazer o mesmo, com ela, no dia seguinte.

Se você não sabe aonde vai,
não chegará lá!

De fato, no outro dia, lá estavam os dois à beira do rio.

A moça fez o sinal da cruz, orou de mãos juntas, e saiu andando leve e ágil sobre a água.

O monge tratou de fazer o mesmo. Orou, arregaçou o hábito, e meteu-se na água. Em três tempos, começou a afundar e gritou por socorro. A jovem voltou para socorrê-lo e disse-lhe:

- Eu sabia que o senhor ia afundar.

- Como?! – espantou-se o monge.

- Quando vi que arregaçou o hábito, notei que não tinha fé, pois estava com medo de molhar-se.

Por esta história humorística, você percebe que a descrença esvazia o poder.

Essa é a maior causa do fracasso do poder.

O poder existe, é ilimitado, mas se você apaga a sua chama, ele permanece desativado.

Bem afirmava o Mestre:

> *"Crer firmemente na realização da sua palavra".*

É como gracejava aquele humorista: Fé é acreditar no dentista que diz que não vai doer.

A FÉ NÃO CONVIVE COM A DÚVIDA

Quando uma pessoa duvida, está oscilando entre duas afirmações. Não abarca nem uma e nem outra.

A dúvida inibe a ação mental. Paralisa a mente.

Enquanto persistir a dúvida, a mente não pode agir. Nem a pessoa.

É como o ponto morto da mudança do carro. Não aciona a força. Quando o motorista decide engatar a primeira, ou a segunda, ou a quarta, somente então a força é ligada.

O descrente fez a sua opção contrária; o que duvida não fez nenhuma. Ambos anulam as premissas da fé.

Suponhamos que você estuda a hipótese de ser médico, mas está tomado de dúvida: Será que realmente eu quero ser médico? Não seria isso mera influência do meu pai, que me quer na Me-

A substância mental de um milhão de dólares contém a forma material de um milhão de dólares.

dicina? Eu acho que é bom ser médico, no entanto não sei se tenho habilidade para tal. Hoje eu nem posso ver sangue, mas, talvez, com o tempo, esse problema seja superado.

Enquanto persistir a dúvida, não dará um passo sequer.

A dúvida mata a fé. Amarra-a. Desliga-a.

Jesus já havia chamado a atenção para essa questão, quando disse:

> *"Em verdade vos digo, quem disser a este monte: Sai daqui e joga-te ao mar e NÃO DUVIDAR em seu coração, mas acreditar que vai acontecer o que diz, acontecerá".* (Mc 11,23).

Segundo o Mestre, a fé que move montanhas não admite a dúvida. Esta impede a decisão, que é pressuposto da fé.

A dúvida esvazia a mente, porque afasta tanto uma opção quanto outra. Mente esvaziada não estabelece nenhuma premissa.

Para que a dúvida desapareça, procure saber exatamente o que quer. Estude as diversas

Saiba o que quer.

hipóteses e vá por eliminatórias, até determinar definitivamente o que pretende. Esse é o caminho para que sejam colocadas corretamente as premissas da fé.

A fé só é fé quando inexistir a dúvida.

Se você não sabe aonde vai, não chegará lá.

Veja o que escreveu o apóstolo Tiago a respeito da fé e da dúvida:

> *"Se alguém dentre vós tem falta de sabedoria, peça-a a Deus, que a concede generosamente a todos, sem recriminações, e ela ser-lhe-á dada, contanto que peça com fé, sem duvidar, porque aquele que duvida é semelhante às ondas do mar, impelidas e agitadas pelo vento. Não pense tal pessoa que vai receber alguma coisa do Senhor, dúbio e inconstante como é em tudo que faz".* (Tg, 5-8)

É uma bela preleção, que dispensa comentários.

O medo esvazia a fé.

A FÉ NÃO PERMITE RETORNO

Há muita gente que hoje quer uma coisa e amanhã não a deseja mais. Dessa maneira, não fica estabelecida uma premissa definitiva; logo, não há fé.

Você pode agora me falar da sua doença dos rins; no entanto, na missa da manhã orou pela sua saúde. Ao falar sobre a doença, retornou a ela. Não há fé, não haverá o resultado da oração.

À noite, quando você foi dormir, fez a mentalização de um milhão de dólares; hoje pela manhã queixou-se amargamente de não ter dinheiro sequer para um cachorro-quente. Saiu fora da riqueza de um milhão de dólares e retornou à sua pobreza. Os dólares sumiram pelo ralo.

- Mas, a verdade é que ainda não tenho um milhão de dólares – defender-se-á você.

Pergunto-lhe: O que é a fé?

Lembre a definição de São Paulo: *"A fé consiste na posse antecipada daquilo que se espera"*.

Se você tem fé, tomou posse mentalmente do seu milhão de dólares, portanto eles existem de fato na sua mente.

Pela fé, você já tomou posse. Primeiramente, toma posse mental, porque, antes de tudo, o seu milhão de dólares aparece na mente. Ali está, sem dúvida nenhuma. A realidade mental é tão evidente quanto a realidade física.

A substância mental daquele milhão de dólares necessariamente contém a forma material de um milhão de dólares. Não tem, portanto, cabimento você colocar um milhão de dólares na mente e depois jogá-lo fora da mente ao comentar que não existe esse dinheiro e você sequer consegue comprar um cachorro-quente.

O que você tem na mente, tem-no de verdade.

Lembre: a fé não admite retorno.

Jesus alertava:

> *"Quem põe a mão no arado e depois volta para trás, não é apto para o reino de Deus".* (Lc 9,62).

Voltar atrás é exatamente retornar. Se houver o retorno, o poder não se manifesta.

Não tema, Deus é em você.

Se você vai procurar e não segue em frente até achar, não encontrará.

O Mestre ensinou: *"Procurai e achareis, porque quem procura acha"*. (Mt 7,7-8).

Se retornar, não achará.

Se voltar, não chegará lá. É óbvio.

A FÉ NÃO SUPORTA HESITAÇÃO

A hesitação é uma indecisão provocada, de certa maneira, pelo temor.

O dicionário Aurélio Buarque cita esta frase como exemplo: "A princípio hesitou em prosseguir a marcha e recuou assustado". (Afonso Arinos, 'Histórias e Paisagens', p.70).

A fé não admite hesitação, porque atenta contra a necessidade de crer firmemente na realização da palavra.

Hesitar é agir ao contrário da fé.

Se você, por exemplo, deseja casar mas se queda hesitante, não casará, porque a hesitação o impede de tomar a decisão.

Enquanto não há firme decisão, não há fé.

A hesitação peca contra a primeira regra do exercício do poder interior: saber o que quer.

Se não sabe o que quer, não alcançará. Exatamente porque não há nada a alcançar.

O hesitante não conseguiu determinar o desejo. Está falhando na primeira premissa da fé. Logo, não há fé, por isso não haverá resultado nenhum.

A FÉ É INIBIDA PELO DESINTERESSE

O desinteresse é incompatível com o desejo.

Se deseja algo, está interessado nele.

Se não tem interesse, é porque não deseja realmente.

Quando alguém se desinteressa por alguma coisa, corta a sua vinculação com essa coisa. Rompe com ela. A mente se desliga dela.

O desinteresse impossibilita a lei da fé, porque fracassa nas duas premissas: Primeiramente, renunciou ao desejo, que não existe mais; depois, falhou na segunda premissa, porque não quer a realização da palavra. É claro que nada pode acontecer.

Se mentaliza a riqueza, por exemplo, mas não tem nenhum interesse nela, porque acredita que é muito melhor ser pobre, está perdendo tempo.

Mentalize aquilo que de fato lhe interessa.

A FÉ É INCOMPATÍVEL COM O MEDO

O medo é um pensamento negativo muito emocionalizado que você tem de alguma coisa que não aconteceu, mas que pensa que vai acontecer. O medo, pois, contém todos os ingredientes para acontecer. Recear é provocar.

O medo esvazia a segunda premissa da fé.

Exemplo: Desejo montar uma loja. (Primeira Premissa).

Tenho medo de fracassar, porque há um forte concorrente; ou porque me falta capital de giro; ou porque a crise econômica está aguda; ou porque fizeram macumba contra mim. (Segunda Premissa).

A segunda premissa da lei da fé está falha, por isso não se consolidará a lei da fé.

O medo, na segunda premissa, atenta frontalmente contra a lei da fé.

Certa vez, Jesus viajava no Mar da Galileia e levantou-se, de súbito, grande tempestade. As ondas agitadas invadiam o barco, ameaçando-o de naufrágio. Jesus dormia.

Os discípulos estavam apavorados e acordaram o Mestre:

- Senhor, salvai-nos, porque vamos perecer!

Jesus falou-lhes:

- Por que estais amedrontados, homens de pouca fé?

Levantando-se, intimou aos ventos e ao mar; e logo se fez grande bonança. (Mt 8,23-27).

Nesta passagem dos evangelhos, vê-se claramente que os discípulos estavam com muito medo do naufrágio. Significava que lhes faltava fé. Portanto, não havia neles poder de acalmar as ondas e os ventos. Jesus repreendeu-lhes o medo e a falta de fé.

Numa outra ocasião, alguns discípulos seguiam de barco pelo Mar da Galileia a altas horas da noite.

Jesus se aproximou deles caminhando sobre as águas.

Inicialmente, os discípulos se assustaram, pensando que fosse um fantasma.

- Não temais – falou Jesus – sou eu.

Pedro lhe respondeu:

- Se sois vós, Senhor, mandai que eu vá ao vosso encontro, andando também sobre as águas.

- Vem – disse-lhe Jesus.

Pedro saltou da barca entusiasmado e caminhou sobre as águas ao encontro de Jesus. Vendo, porém, que o vento era forte e as ondas revoltas, teve medo e começou a afundar.

Gritou por socorro:

- Senhor, salvai-me!

No mesmo instante, Jesus lhe estendeu a mão e o segurou, dizendo:

- Homem sem fé, por que temeste?

Depois que subiram à barca, cessou o vento. (Mt 14,22-23).

Novamente, neste episódio o medo anulou a fé e esboroou-se o poder. O medo desfaz o poder no momento em que você admite interiormente que a situação de perigo é mais forte que a força da fé.

Você, por exemplo, mentaliza a cura da aids, mas, ao mesmo tempo, teme que a doença não cederá, por ser considerada incurável e ser mais poderosa que a sua mentalização ou oração. Nesse caso, está falhando a segunda premissa da fé. Não haverá cura.

Outra forma muito comum de medo é quando você precisa urgentemente de uma solução, talvez até para dentro de uma semana, e está apavorado, porque acha que, em prazo tão curto, é praticamente impossível vir a solução.

Exemplo: tem que pagar uma grande dívida até o fim da semana e está sem dinheiro. Ora a Deus, pede, mentaliza, mas continua angustiado, temeroso de que nada aconteça em tempo tão reduzido.

É claro que não conseguirá, porque o medo cortou a corrente irresistível da fé.

Imagine que você caiu no meio de um lago imenso e terá que nadar até a margem longínqua. Só pode contar com suas próprias forças, apesar da distância e das ondas. Não lhe resta outra coisa senão rezar, rezar, rezar, para que Deus o ajude a chegar à margem. Mas, a cada hora que passa, mais você se apavora, crendo que não terá forças para continuar nadando por muito tempo.

A palavra interior ou exterior sempre fortaleça a sua fé.

Seu medo está bloqueando a fé e, consequentemente, inibindo o seu poder interior, capaz de remover montanhas e fazê-lo continuar sobre a água.

O medo é o veneno mortífero da fé.

Nada há que temer, porque sua fé removerá qualquer obstáculo e tudo lhe alcançará.

"Temer – escreveu Emmet Fox – é ter mais fé no mal do que em Deus".

Pense que você tem Deus dentro de si, portanto você e o Deus que habita o seu íntimo são a força mais poderosa do universo, contra a qual nada nem ninguém pode.

Agnes Sanford conta um episódio que mostra como uma pessoa pode superar o medo:

"Certa vez, um engenheiro estava supervisionando um trabalho no campo, quando um touro veio em direção do grupo, chifres em riste, pronto para atacar. Não havia, por perto, nenhuma árvore em que pudesse subir. Nem cercas para pu-

Fé e negativismo são luz e escuridão: não podem viver juntos.

lar. O engenheiro, então, ficou firme onde estava e deixou-se invadir pelo amor de Deus e projetou-o no touro.

"Sou uma criatura de Deus e você também é" – pensou em silêncio. "Deus nos criou a ambos e em nome de Jesus digo que não há nada entre nós dois senão o amor e a bondade de Deus".

O touro parou abruptamente. Por um momento pareceu confuso e inquieto. Depois, foi-se embora e deitou-se pacificamente sob um arbusto". (A Luz Que Cura).

Na verdade, todos os seres do universo são comunhão de amor. Esta é a ordem natural. Quando houver ruptura dessa ordem natural, pode-se fazê-la voltar à harmonia.

Agnes Sanford vai mais longe nas suas considerações e responde a essa indagação:

- E se um assaltante armado irromper em casa? Lutaria com ele ou não se moveria, deixando que ele mate mulher e filhos?

- Pergunta tola – respondeu Agnes. – Não faríamos nem uma coisa nem outra. Projetaríamos na mente do assaltante o amor de Deus, procurando vê-lo como filho de Deus e pedindo a Deus que o abençoasse. E se fôssemos suficientemente fortes na nossa fé e no nosso amor, a mente do assaltante se transformaria. Não molestaria a família e se retiraria. (A Luz Que Cura).

"Quem tem fé – disse Jesus – *expulsará os espíritos malignos"*. Quer dizer, libertará a pessoa de seus males mentais, agressividades, intenções perigosas.

"Quem tiver fé – continua o Mestre – *pegará em serpentes, e se beber veneno mortífero, não lhe fará mal"*. (Mc 16,17-18).

No livro dos Atos dos Apóstolos consta que Paulo foi picado por uma serpente venenosa e não sofreu nada.

Quando o medo se abater sobre você, procure sair fora dessa imagem paralisadora e mergulhe no amor infinito que impregna o universo e todos os seres do universo. Então, use a palavra firme, cheia de fé, que explodirá o seu poder de filho de Deus.

Para superar o medo, não raro é necessário um salto no escuro.

Existe aquela anedota em que um montanhista se despencou de um penhasco e enquanto caía no abismo conseguiu segurar-se no galho de uma pequena árvore.

Começou a gritar: "Socorro! Socorro! Tem alguém aí em cima?"

Ouviu então uma Voz solene e profunda vinda do céu: "Vou ajudá-lo, meu filho, mas primeiro preciso saber se você tem fé em mim.

"Claro que tenho fé. Tire-me daqui, por favor!" – respondeu o homem.

"Então largue o galho" – ordenou a Voz que vinha do alto.

O homem silenciou, apavorou-se, e tornou a gritar: "Ei, tem mais alguém aí em cima?"

Quando a sua fé exige que largue o galho, o medo pode tomar conta. Claro que se trata de uma piada, mas é ilustrativa.

Tenha fé e vá em frente, sem medo.

A fé remove montanhas.

Harold Sherman sugeriu aos seus leitores repetirem à noite, antes de adormecer, e pela manhã, ao acordar: "O medo bateu à porta, a Fé abriu-a e nada encontrou ali". (A Chave da Felicidade).

A FÉ NÃO ACEITA FRAQUEJAMENTO

Você é uma pessoa de muita fé. Está mentalizando uma casa e acredita que terá em breve a sua casa.

Em conversa com seu amigo, conta-lhe essa grande expectativa.

O amigo cai numa estridente gargalhada e ataca:

- O quê?! Você acha que a casa vai cair do céu?! Então, você deita na cama, mentaliza, e de manhã, quando acorda, está na porta da sua nova casa, pintadinha, bonitinha e tudo o mais?! Santa ingenuidade! Se isso fosse possível, não haveria o déficit de dez milhões de habitações no Brasil...

Você rebate a crítica, mas não encontra argumentos convincentes e vai embora com as palavras do amigo martelando a cabeça. Começa a fraquejar. Quer acreditar, mas lhe parece que o amigo tem razão. Procura mentalizar com toda a força e, no entanto, uma hora depois as palavras do amigo derrubam a sua expectativa.

Lembre-se que a fé não admite fraquejamento.

Esse vai-vem de gangorra mental, esse efeito iô-iô, não leva a nada. Você faz e desfaz. Faz e desfaz. Desse jeito, jamais chegará à realidade.

Não dê ouvidos aos ataques e objeções dos

outros. Eles não são mais do que você. Muitas vezes, estão lhe passando apenas a receita do fracasso deles.

Por que comete você a infantilidade de ouvir mais a voz de certas pessoas ignorantes, mal-informadas, que gritam três ou quatro bobagens, do que a palavra segura, estudada, aprofundada e comprovada dos experimentos, dos livros, dos congressos, dos seminários, dos sábios?

Deixe que os outros se deitem à sombra da própria ignorância, mas você trate de conhecer a verdade e seguir por ela, que aí está o caminho.

Conheço gente que, por exemplo, participa de Jornadas do Poder da Mente, ouve durante horas as comprovações e as experiências de muitos anos, entusiasma-se, começa a pôr em prática e, depois, por causa da gozação de um colega ignorante, joga tudo às traças.

Até mesmo o fato de alguém estar investido de autoridade não significa necessariamente que seja culto, ponderado ou dono da verdade.

Há pessoas que sabem que Jesus ensinou que tudo que você pede recebe, ouviram a reafirmação em Jornadas da Mente, mas logo ficaram confusas porque o seu líder espiritual critica que essa é uma ideia nefasta, contrária a Deus e à graça divina.

Lembre sempre que autoridade nunca foi sinônimo de verdade. Uma autoridade religiosa, seja bispo, pastor ou diretor carismático, pode estar certa ou errada. Não é, em si, paradigma absoluto da verdade.

A verdade é filha da verdade e não da autoridade. Esta pode (e deve) estar de posse da verdade. Mas, pode estar enganada, pode não estar suficientemente informada, pode ter sido ludibriada por assessores, pode até estar mal-intencionada.

A você compete buscar a verdade, onde quer que esteja.

- *Conhecereis a verdade* – ensinou Jesus – *e a verdade vos libertará.* (Jo 8,32).

A fé não admite fraquejamento.

Não seja caniço que se dobra ao léu de qualquer vento.

Não seja maria-vai-com-as-outras. Estude, pesquise, busque, e você achará. Porque, afinal de contas, a verdade sempre brilha mais do que qualquer outra coisa que lhe queiram colocar diante dos olhos.

A mentira cai por si.

A verdade sempre sobrevive.

A FÉ É ANULADA PELA CONTRADIÇÃO

Contradizer, como explica o termo, é dizer contra. Opor-se a alguma coisa.

Qual é a contradição que abala a fé?

Partamos da definição da fé: *"Crer firmemente na realização da sua palavra"*.

A contradição é não crer firmemente na realização da sua palavra.

A palavra pode provir de muitas fontes.

A procedência será interna quando criada pelo pensamento, pelo desejo, pela reflexão, pela mentalização, pela intuição, pela sabedoria superior, pela oração nascida interiormente; ou procederá externamente, por uma pregação, por um livro, por um curso, por uma revista, por uma canção, por um filme, por um jornal, pela tevê, por uma conversa, assim por diante.

Você aceitou ou criou a palavra e quer que se realize, mas, no íntimo, contradiz essa ordem mental imaginando que vai acontecer o contrário. Por exemplo, mentalizou a cura, mas contradiz afirmando que está doente; faz a oração da riqueza, mas contradiz dizendo-se pobre, sem condições de enriquecer. Deseja casar, mas contradiz esse desejo se queixando de que ninguém quererá casar com você, por causa da idade, ou do corpo, ou dos preconceitos.

A fé não suporta contradição.

A contradição dilui e pulveriza a força da fé.

Outros exemplos: você deseja viajar a Nova Iorque, mas opõe-se a este desejo dizendo que não pode fazê-lo de momento, devido aos múltiplos compromissos; quer ser pessoa calma, mas contraria essa afirmação, alegando que seu nervosismo é herança genética e jamais conseguirá ser calmo.

Fé e contradição se repelem.

A FÉ REPUDIA O NEGATIVISMO

"Quanto ao poder – disse Jesus – *quem tem fé tudo pode"*.

Se você conhece a fé, sabe que tudo pode.

Como sabe que tem poder, sabe que pode

desfazer os obstáculos, eliminar as dificuldades, superar os negativismos, vencer o pessimismo, transformar a derrota em vitória, o fracasso em sucesso.

A fé é incompatível com qualquer pensamento negativo.

Negativismo é o oposto da fé.

Jamais um negativo poderá dizer que tem fé, porque, se tivesse, usá-la-ia para libertar-se desta situação.

Fé e negativismo são luz e escuridão: não podem viver juntos.

A fé sempre fará você pensar naquilo que deseja e não no oposto.

Negativo, a palavra já diz, é aquele que nega a possibilidade de conseguir coisas boas.

Você fala em felicidade, o negativo fala em desgraça; você fala em sucesso, ele fala em fracasso.

O negativo usa sempre a roupa do lado avesso. A roupa da vida, é claro. É o homem ao contrário.

Como o negativo acredita no seu negativismo – e fé é acreditar na sua palavra, de qualquer natureza e significado – está usando a fé para alcançar os resultados negativos.

A fé, no entanto, não foi criada por Deus para fins negativos ou maléficos. O negativo está usando mal esse dom maravilhoso. Deve, desde agora, entrar no melhor caminho, o caminho do amor, da saúde, da paz, da alegria, da felicidade, da riqueza, da abundância, da prosperidade, da fraternidade e das boas coisas da vida. Até porque são os pensamentos positivos que fazem a vida agradável, alegre e bem-sucedida.

Nem um milhão de negativismos conseguirão fazer um milímetro positivo.

O pensamento cria o conteúdo do pensamento; a fé o realiza.

Seja positivo e você caminhará na luz.

12

A FÉ CURA TODAS AS DOENÇAS

Os racionalistas dizem que só tem cura o que a Medicina classifica como curável. Segundo eles, há muitas doenças incuráveis, como a aids, certos tipos de câncer, de paralisia, de cegueira, de surdez, de doenças genéticas, de diabetes, de alergias e tantas outras. Para essas doenças, não há cura nem pela Medicina e nem por qualquer outro meio. Falar em cura da aids seria charlatanismo. É o que dizem os analistas e muitos cientistas.

Acha você que eles têm razão?

Antes de tudo, nada é incurável. O que é incurável para esse ou para aquele médico, poderá ser curado por outro mais especializado; o que não é curável pela Medicina da Biafra, pode ser curado no Brasil; o que não é curável no Brasil, pode ser curável nos EUA, assim por diante.

O que nenhuma Medicina de hoje cura, amanhã poderá ser encontrada a solução. Não há, e nem pode haver, mesmo do ponto de vista da Medicina, nenhuma incurabilidade absoluta.

Doenças que hoje até já não existem mais, séculos atrás vitimaram milhares e milhares de pessoas. Doenças que, no início do século vinte, eram consideradas incuráveis, hoje estão sob controle.

Toda doença é efeito, portanto no dia em que se descobrir a causa, chega-se à cura.

Em Medicina, nenhum mal é definitivo.

A FORÇA CURADORA DA FÉ

Há dois mil anos, Jesus ensinou um processo de cura infalível a que deu o nome de fé.

O processo segue caminho inverso ao da Medicina. Esta começou dedicando-se à cura do corpo, pelo corpo. Via o corpo doente, não funcionando alguma parte, e tratava de restaurá-la através de químicos, remédios, vitaminas, proteínas, enfim usando processos somáticos. Em caso de deterioração de órgãos ou tecidos, o caminho era a cirurgia de extirpação.

Jesus seguiu por outra via, totalmente estranha à Medicina, para curar o corpo: a mente. Buscava a cura do corpo desencadeando as forças mentais e espirituais. A este processo deu o nome de fé.

Pela força todo-poderosa da fé curou leprosos, cegos, paralíticos, cancerosos, surdos, mudos, enfim todo tipo de doentes. Nenhuma doença resistiu ao processo de cura usado e ensinado por Jesus.

Escreveu dele o apóstolo Mateus: *"... Curava todos os enfermos"*. (8,16).

Mas, o Mestre não ficou com o segredo. Ensinou-o aos discípulos e a todas as pessoas.

Conta o evangelho que, certa vez, foi ter com Jesus um homem e suplicou-lhe:

- Senhor, tem piedade do meu filho; ele é lunático e sofre terrivelmente; muitas vezes cai no fogo e na água; espuma, range os dentes, fica todo hirto. Apresentei-o a teus discípulos, mas eles não foram capazes de curá-lo.

Ao saber que os discípulos não conseguiram curar o menino, que sofria de epilepsia, Jesus exclamou duramente:

- Ó geração sem fé e perversa! Até quando estarei convosco e vos suportarei?!

Voltando-se para o pai, falou-lhe:

- Traze aqui o teu filho.

Foi trazido.

Nesse instante, o garoto teve um ataque, caiu por terra e se revolvia, espumando.

Perguntou Jesus ao pai:

- Há quanto tempo lhe acontece isto?

- Desde pequeno – respondeu o pai.

E, depois de explicar o problema, suplicou:

- Se tu podes, tem piedade conosco e nos ajuda.

Jesus lhe disse:

- Se posso! Quanto ao poder, quem tem fé tudo pode!

- Tenho fé! – exclamou o homem.

Mas, em seguida, confessou:

- Auxilia a minha falta de fé!

Jesus curou o garoto, que nunca mais teve ataques, nem convulsões. (Mt 17,14-21; Mc 9,14-

29; Lc 9,37-43).

"Quanto ao poder – revelou o Mestre – quem tem fé tudo pode".

Aí estava um homem, desiludido de tudo e de todos. Jesus seria sua última tábua de salvação. A cura do filho parecia uma possibilidade por demais remota. Queria acreditar, mas a descrença e o medo o dominavam. Não era para menos: havia experimentado tratamentos, médicos, remédios, o poder curador dos discípulos, e o mal resistia.

"Se tu podes, cura o meu filho" – pediu ele humildemente.

Essa súplica vacilante permitiu a Jesus a mais fantástica revelação:

"Se eu posso?! Quanto ao poder, quem tem fé tudo pode!"

Note que ele não disse: "Eu posso e vou curar teu filho". Preferiu ensinar a verdade redonda, completa, em toda sua dimensão: não só ele, mas toda pessoa, que tenha fé, tudo pode.

Quanto ao poder, quem tem fé cura qualquer doença.

Proclamou com todas as letras que qualquer indivíduo, que tiver fé, tudo pode.

Como o episódio tinha a ver com a cura de uma doença, não se pode deixar de concluir que a fé cura todas as doenças.

"Quanto ao poder, quem tem fé tudo pode!"

Quanto ao poder, quem tem fé cura qualquer doença.

Deixou claro que não somente ele tinha poder de curar todos os males, mas também seus discípulos e toda criatura humana.

FALTOU FÉ AOS DISCÍPULOS

No caso do garoto epiléptico, por que os discípulos não conseguiram nenhum resultado?

Eles mesmos estavam surpresos e foram perguntar ao Mestre:

- Por que razão não pudemos nós curar o menino?

Respondeu-lhes Jesus:

- Porque a vossa fé é pouca.

Jesus foi condescendente com seus discípulos ao dizer que a fé era pouca. Na verdade, não tiveram fé nenhuma, tanto que momentos antes os chamou de “raça incrédula”.

A fé é ou não é.

“Fé – definiu-a o Mestre – *é crer firmemente na realização da sua palavra”.*

Crer firmemente elimina qualquer possibilidade de conviver com a dúvida e o medo.

Ou acredita ou não acredita.

Os discípulos não acreditavam que podiam curar o pequeno, talvez impressionados com as histórias que o pai lhes relatou sobre os longos anos da doença, os tratamentos infrutíferos, as inúmeras tentativas frustradas, a incurabilidade do mal, coisas assim.

Com essa carga emocional, tentaram curar o garoto. Tentaram. Quem tenta não tem fé absoluta, porque duvida da própria capacidade. Foi aí que falharam os discípulos.

Por isso, Jesus reagiu fortemente:

- Ó gente incrédula, até quando estarei convosco? Até quando vos hei de aturar?

Gente incrédula, raça incrédula, geração sem fé – qualquer dessas expressões significa falta de fé.

Jesus recriminou a falta de fé dos discípulos, porque já havia ensinado, mostrado e provado o poder da fé, que remove qualquer montanha.

Na hora, deixaram-se influenciar pela aflição do pai e pelo dramático espetáculo das convulsões que faziam o menino debater-se, espumar, ranger os dentes, ficar hirto, soltar gritos. Diante disso, abalou-se a fé dos discípulos.

Quando se usa o caminho da mente para a cura, é necessário que haja um só pensamento, uma só crença e uma só palavra de ordem.

Em última análise, a fé não admite dúvida, nem hesitação, nem medo e nem contradição.

Fé é fé: a palavra de cura correspondente à verdade da cura.

Os discípulos não acreditaram que podiam curar aquele tipo de doença. Faltou-lhes fé. Não curaram.

Jesus repreendeu-lhes a falta de fé.

A FÉ DE UM GRÃO DE MOSTARDA TERIA CURADO O GAROTO

O evangelista Mateus relata que quando os discípulos foram perguntar a Jesus, em segredo, por que não tinham conseguido curar o garoto, respondeu-lhes o Mestre:

- Porque a vossa fé é pouca.

Em seguida, acrescentou:

> - *Em verdade vos digo, se tiverdes fé como um grão de mostarda que seja, e disserdes a este monte: Passa daqui para acolá – há de passar. Nada vos será impossível.* (Mt 17,21).

A fé, mesmo pequenina como um grão de mostarda, tem a força fantástica de mover montanhas. Era uma linguagem forte, altamente sugestiva, que Jesus usou para inculcar a força da fé, capaz de curar qualquer doença e tornar tudo possível.

A FÉ CUROU O SERVO DO CENTURIÃO

Jesus chegava a Cafarnaum, cidade debruçada à margem do Mar da Galileia, e um centurião foi ter com ele. Cafarnaum era fortemente guarnecida por tropas romanas, já que a Palestina estava sob domínio de Roma naquela época. Centurião era um comandante de cem soldados romanos.

O Centurião, que sabia dos poderes do

Mestre, suplicou-lhe:

- Senhor, tenho em casa um servo que está de cama com paralisia e sofre grandes tormentos.

Respondeu-lhe Jesus:

- Irei curá-lo.

Tornou-lhe o Centurião:

- Senhor, eu não sou digno que entres em minha casa, mas fala tão somente ao Verbo e meu servo será curado. Pois também sou homem sujeito a outrem e tenho soldados às minhas ordens; e digo a um: Vai acolá! e ele vai; e a outro: Vem cá! e ele vem; e a meu servo: Faze isto! e ele o faz.

Ouvindo isto, admirou-se Jesus e disse aos que o acompanhavam:

- Em verdade, vos digo que nem em Israel encontrei tão grande fé.

E falou ao Centurião:

- Vai-te e faça-se contigo de acordo com tua fé.

Na mesma hora, o servo recuperou a saúde. (Mt 8,5-13).

FAÇA-SE DE ACORDO COM TUA FÉ

Embora pagão, indiscutivelmente o centurião acreditava na cura do seu servo.

A fé do oficial romano era absoluta, tanto que não achou necessária sequer a presença de Jesus junto ao enfermo, nem mesmo considerou-se digno de receber o Mestre em sua casa. Acreditava firmemente no poder da Palavra de Jesus.

Ao centurião, bastava a palavra de Jesus para que o servo ficasse curado.

Jesus viu que sua palavra de cura encontraria receptividade tanto no centurião quanto no servo.

Existia fé em ambos, portanto a palavra curadora do Mestre não encontraria obstáculos, mesmo que proferida à distância.

VOCÊ TERIA ESSA FÉ?

Se fosse você o centurião, teria tamanha fé?

O primeiro empecilho poderia ser a diferença de religião existente entre um e outro.

O segundo obstáculo seria acreditar que Jesus pudesse vencer a doença grave que atingira o servo. Diz Lucas que o criado estava mortalmente enfermo.

O terceiro problema era admitir que o Mestre pudesse curar à distância. O centurião, no entanto, não só não pediu a presença de Jesus, como até sugeriu que não fosse à sua casa, pois não se julgava digno de recebê-lo.

Outra questão difícil era aceitar como verdade absoluta e imediata as palavras de Jesus.

"Vai-te e faça-se contigo de acordo com a tua fé".

"Faça-se de acordo com tua fé".

Era o xeque-mate para o centurião: crer na cura e voltar para casa com esta certeza.

O peso da cura recaiu sobre seus próprios ombros, quando Jesus lhe disse: *"Vai-te e faça-se de acordo com tua fé".*

Mas, a fé do centurião era perfeita. Houve a cura.

Se você está sofrendo de alguma doença rebelde a tratamento, sua oração de cura tem a fé do centurião?

E você, que está com câncer, tem certeza de que Jesus pode dizer-lhe agora mesmo: *"Vai-te e faça-se de acordo com tua fé"*? Acredita piamente na cura?

Pode acontecer que esse capítulo esteja sendo lido para um familiar ou amigo seu em gravíssimo estado de saúde ou em fase terminal.

Acredita de sã consciência na cura pelo poder da palavra?

Jesus está lhe afirmando: "Faça-se de acordo com a tua fé". Se você e este seu familiar crerem como o centurião e o servo, o milagre já está acontecendo.

Por via das dúvidas, faça como o pai daquele garoto epiléptico:

"Tenho fé! Mas ajuda a minha falta de fé!"

A FÉ QUE CUROU UM FLUXO DE SANGUE

Conta Marcos que Jesus seguia sua caminhada com enorme multidão acotovelando-se ao seu redor.

Achava-se aí uma mulher que, havia doze anos, sofria de um fluxo de sangue; tinha padecido muito às mãos de numerosos médicos, gastando toda sua fortuna, mas sem encontrar alívio algum; até se achava cada vez pior.

Quando ouviu falar de Jesus, aproximou-se por trás, no meio da multidão, e lhe tocou o manto, porque dizia consigo mesma: "Se lhe tocar o manto sequer, serei curada". Tocou na borla do manto e, no mesmo instante, se lhe estancou o fluxo de sangue e sentia no corpo que estava livre do seu mal. Jesus percebeu interiormente que dele saíra uma força. Voltou-se, viu a mulher e disse-lhe:

- *Tem confiança, minha filha, tua fé te curou.* (Mt 9,18-26; Mc 5,25-34; Lc 8,43-48).

AS PROVAS DA FÉ DAQUELA MULHER

Fé – ensinou Jesus – é crer firmemente na realização da sua palavra.

A palavra da mulher do fluxo de sangue era esta: "Se lhe tocar o manto sequer, serei curada". Esta era a sua mentalização, a sua oração.

Mentalizou e acreditou firmemente, tanto que saiu de casa, embora doente, enfrentou a multidão que se atropelava em torno de Jesus, abriu caminho até ele, e tocou no manto com a certeza da cura.

Por que tinha certeza?

Porque, se não tivesse, procuraria, antes de tudo, falar com Jesus a fim de contar-lhe a gravidade do seu mal, implorar a cura pela imposição de mãos e, ainda, pediria que a declarasse realmente curada.

A mulher, no entanto, tinha fé tão grande que lhe bastava tocar no manto do Cristo.

QUAL É O TAMANHO DA SUA FÉ?

Muita gente diz que tem fé, que reza com fé, que pede a cura com fé, que mentaliza com fé, mas, na verdade, não acredita que possa ser curada.

A fé sequer exige ritual de cura. Basta crer que o pensamento da saúde produz a saúde.

Nas jornadas que realizo sobre o Poder da Mente, dedico uma sessão de três horas à cura pelas forças interiores. Pessoas há, no entanto, que fazem a mentalização da cura, recebem a bênção da cura, mas, ainda assim, querem atendimento particular, imposição de mãos e pedem oração escrita para fazê-la em casa. Está visto que inexiste fé nessa gente.

O centurião e a mulher do fluxo de sangue

são exemplos práticos e estimulantes.

Não há nem mesmo necessidade de fazer longas orações sacrificadas para alcançar a cura. Nem faz diferença se foi você que escreveu uma oração cheia de erros gramaticais e de ortografia ou se foi extraída da vida de algum santo muito venerado. O processo de cura é a fé.

Seja simples, tenha a fé da criança.

OUTRA CURA À DISTÂNCIA

A fé do centurião, cujo relato você leu há pouco, foi a causa primeira da cura do seu servo que jazia gravemente enfermo em casa. Houve a cura à distância.

Outro fato de cura à distância ocorreu quando uma mulher cananeia, da região de Tiro e Sidon, vendo Jesus passar, se pôs a clamar:

- Senhor, filho de Davi, tem piedade da minha filha, que está muito atormentada dum espíri-

---

Há diferença entre "se tu podes" e "se tu quiseres".

---

to maligno.

Jesus inicialmente recusou-se, talvez para provar a fé da mulher. Ela, no entanto, insistia.

O Mestre, por fim, atendeu-a:

- Ó mulher! Grande é a tua fé; seja feito conforme o teu desejo.

A partir dessa hora, estava de saúde sua filha. (Mt 15,21-28; Mc 7,24-30).

Enquanto a filha, atormentada por algum mal, tipo depressão profunda, esquizofrenia, psicose, surtos de demência, tendência ao suicídio, ou outro do gênero, jazia em casa, a mãe foi ao encontro do Cristo.

A cura aconteceu por força da fé da mãe. Esta tinha imensa vontade de que sua filha ficasse liberta do mal. O desejo estava fortalecido pela fé de que Jesus a curaria. A filha, por certo, também desejava ardentemente libertar-se desse sofrimento.

A palavra de Jesus tornou-se unívoca com o desejo da mãe e da filha, somando-se, assim, todas as forças interiores que causaram a saúde.

EXISTE A CURA À DISTÂNCIA

Os dois fatos anteriores, relatados no evangelho, comprovam que não se exige necessariamente a presença física da pessoa a ser curada.

O que se faz necessário é a presença mental, ou seja, o desejo da cura, ou, pelo menos, receptividade à energia curadora.

O fato de uma pessoa não ser contra o processo mental e espiritual de cura já estabelece condições para que ocorra o milagre. Pela simples razão de que, como disse Jesus, "quem não for contra vós é por vós". (Mc 9,40). Não ser contra implica em ser a favor, concordar. Com isto já está aberto o canal curador.

A cura à distância, portanto, é possível.

Às vezes, você assiste à missa dos doentes, pelo rádio ou pela televisão: lembre que pode ser o canal para a cura à distância.

Quando fazem oração de cura na tevê, ou pedem para colocar a sua mão sobre a mão da pessoa que está orando pelo vídeo, sem dúvida são processos de cura à distância.

Na verdade, não existe distância para a mente humana.

A nível da mente subconsciente, todos os seres humanos somos uma só unidade. Sempre que você pensa em alguém, ou ora ou mentaliza por uma pessoa, no mesmo instante essa pessoa está recebendo a sua mensagem, porque todos somos um a nível da mente subconsciente.

A partir desta verdade científica, fica mais fácil compreender o fenômeno da cura à distância.

O CEGO BARTIMEU

Narra Marcos que quando Jesus ia saindo de Jericó, em companhia dos discípulos e de muito povo, estava à beira do caminho um mendigo cego, chamado Bartimeu, filho de Timeu. Mal ouviu que vinha passando Jesus de Nazaré, pôs-se a clamar:

- Jesus, filho de Davi, tem piedade de mim!

Jesus parou e disse:

- Chamai-o cá!

Foram ter com o cego e lhe disseram:

- Tem confiança; levanta-te, que ele está te chamando.

Lançou de si a capa, levantou-se de um salto, e correu para Jesus.

- Que queres que eu te faça – perguntou-lhe o Mestre.

- Senhor – suplicou-lhe o cego – faze com que eu veja!

Disse-lhe Jesus:

- Vai, que a tua fé te curou.

No mesmo instante, via e o foi seguindo pelo caminho. (Mc 10,46-52; Lc 18,35-43).

Também para Bartimeu, Jesus disse que a fé dele o havia curado.

Pode-se constatar a fé deste cego?

Sem dúvida: em primeiro lugar, ao saber que Jesus passava, pôs-se a clamar para que tivesse pena dele; em segundo lugar, mesmo sendo repreendido para que calasse, continuou gritando; em terceiro lugar, ao saber que Jesus o chamava, levantou-se de um salto e correu para ele; por último, disse a Jesus que queria ver e pediu ao Mestre que o fizesse ver.

São atitudes que jamais ocorreriam a quem não tem fé.

Muitos outros cegos Jesus encontrou ao longo do seu caminho, quietinhos no seu canto, conformados com a cegueira, acreditando que, pelas causas da cegueira e pelas condições dos olhos, jamais poderiam ver. A fé desses era na cegueira. Permaneceram cegos.

Seja você cego, ou surdo, ou mudo, ou aleijado; seja o seu mal de nascença ou por qualquer causa, colha a lição de Bartimeu e acredite que tudo tem solução, que até o impossível é possível a quem tiver fé.

Tenha a fé desse mendigo cego e verá que o milagre também acontecerá em você.

Tudo é possível ao que crê – disse Jesus.

Lembre que jamais conseguirá aquilo que pensa que jamais conseguirá; que somente alcançará aquilo que pensa que alcançará. Nesses dois casos, a fé na palavra conduz ao resultado correspondente.

Escolha a cura.

A CURA DO LEPROSO

Aquele pai, cujo filho sofria de epilepsia, abordou Jesus dizendo: *"Se tu podes, cura o meu filho"*.

Já um leproso certa vez foi ter com Jesus e suplicou: *"Se quiseres, podes tornar-me limpo"*.

Um diz: *"se tu podes"*.

Outro diz: *"se tu quiseres"*.

Qual é a diferença?

O primeiro, ao dizer "se tu podes", exprimia dúvida.

O segundo, ao clamar "se tu quiseres", expressava a convicção de que Jesus tinha o poder de cura. O leproso acreditava que Jesus podia curá-lo. Bastava querer.

"Se tu podes" – denota falta de fé em Jesus.

"Se tu quiseres" – reconhece o poder curador do Mestre.

O leproso tinha fé.

Conta Marcos que Jesus tocou-o e disse: "Eu quero, sê limpo".

Mal acabara de falar – diz o evangelho – e já a lepra desaparecera, e o homem estava limpo. (Mc 1,40-45).

O leproso não acreditava que ele mesmo poderia curar-se, mas tinha certeza de que Jesus poderia curá-lo. Ele tinha fé em Jesus. Aproveitou-se o Mestre deste canal aberto e o curou.

13

O SUJEITO DA FÉ

Fé – lembrando – é crer firmemente na realização da sua palavra.

Sempre que existir fé, realizar-se-á infalivelmente o conteúdo da palavra.

Palavra significa oração, mentalização, desejo, imagem, pensamento.

O milagre não depende da quantidade de palavras, nem do tamanho do sacrifício, nem mesmo do valor das velas acesas ou das oferendas.

Inclusive, não importa quem seja o sujeito da fé.

O que produz o milagre e remove montanhas é a sua fé, seja quem for o sujeito da mesma.

Para uns, o sujeito da fé é Jesus, para outros é São Benedito, ou São Paulo, ou São Braz, ou São Judas Tadeu, ou Nossa Senhora de Fátima;

para certas pessoas, é a igreja do Bonfim, ou a igreja de Santo Antônio, ou o Jesus do Porto das Galinhas; para tanta gente, é o local das aparições de Nossa Senhora; há os que colocam fé numa determinada oração; às vezes, a fé é desencadeada por meio de pessoas famosas como curadoras místicas.

JESUS SUJEITO DA FÉ

O centurião romano, ao pedir a Jesus que curasse seu servo gravemente enfermo, tinha-no como fator da sua fé.

O leproso, ao suplicar a Jesus: "Se quiseres, podes curar-me", também colocou-o como sujeito da sua fé.

Certa vez, enquanto o Mestre pregava numa casa, trouxeram-lhe um paralítico carregado por quatro homens. À vista da fé que eles tinham – conta Marcos – disse Jesus ao paralítico: "Eu te ordeno: levanta-te, toma o teu leito e vai para casa". (Mc 2,5).

Nesse fato, os sujeitos da fé do paralítico foram os homens que o carregaram até Jesus.

Foi o que disse o evangelho: "À vista da fé

que eles tinham".

Lucas narra o episódio em que alguns discípulos foram pescar e nada conseguiram. Jesus, depois de pregar ao povo em cima do barco, disse a Simão: "Faze-te ao largo e lançai as vossas redes para a pesca".

- Mestre – replicou-lhe Simão – trabalhamos a noite toda e nada apanhamos. Mas sob tua palavra, lançarei as redes.

Feito isto, apanharam tão grande multidão de peixes que as redes se lhes iam rompendo. (Lc 5,4-11).

Aqui Jesus novamente foi o sujeito da fé dos pescadores. Por eles, não teriam lançado as redes. Acreditando no Mestre, o fizeram.

QUEM É O SUJEITO DO ATENDIMENTO?

Cristo ensinou, certa vez, a lei do Pedi e Recebereis.

A lei compreende dois pontos básicos: O pedir e o receber.

Todo aquele que pede, deseja receber, é claro.

O ponto nevrálgico da questão, porém, está em saber quem é que dá.

Receber de quem? Ou por meio de quem?

Se você acha que há de receber de alguma pessoa, corre todos os riscos do fracasso no atendimento, porque depende da boa vontade, do interesse, da possibilidade, da oportunidade, do desejo, da disponibilidade do outro. Depende, inclusive, das condições impostas pelo outro.

Como isso implica tantos fatores alheios ao seu controle, no mais das vezes a coisa emperra e você acaba não alcançando nada.

No outro dia, por exemplo, uma professora argumentava que o poder da mente não funcionava para ela, porque queria mais dinheiro, mas o seu salário do magistério não era aumentado pelo governo. E, o que era pior, estava defasado.

Também, um senhor pensava que não conseguiria receber o que estava mentalizando, porque pretendia uma casa, mas os lucros do seu negócio diminuíam cada vez mais e não lhe permitiam ter a casa ambicionada.

Uma senhora escreveu-me uma carta dizendo que tudo ia bem com ela até o dia em que fez empréstimo ao banco para a cirurgia e o tratamento da mãe. Durante meses foi rolando a dívida, mas agora o banco lhe deu ultimato: devia resgatar totalmente a dívida, que não seria mais renovada. Ela estava desesperada e queria que eu lhe desse o dinheiro para pagar. Querer é poder – dizia a carta. Tinha certeza de que eu haveria de atender à sua mentalização.

Todos aqueles que colocam a solução e a realização de seus pedidos por conta de terceiros, provavelmente frustrar-se-ão, porque ninguém tem poder sobre ninguém.

Caso não alcancem o objetivo, ficam chateados, desolados. E concluem que o poder da mente não funciona.

Acontece que ninguém, até hoje, ensinou que é você quem determina a pessoa que vai atendê-lo.

A lei se fundamenta no seguinte: Peça e receberá.

Não está escrito quem é que vai dar a você.

A você pertence simplesmente pedir e crer que receberá!

E você conclui que, neste caso, é livre para escolher o sujeito do atendimento. Então, procura alguém que, no seu entender, tenha condições para tanto. E mentaliza que vai atendê-lo ou pede-lhe diretamente para atendê-lo.

Como ninguém tem poder sobre ninguém, há todas as possibilidades de você levar um fora. Daí, conclui que a lei não funciona.

O seu erro está em determinar o sujeito do atendimento.

Claro que não será necessariamente uma pessoa da sua escolha, porque esta é livre para aceitar a incumbência ou não.

O sujeito do atendimento é a lei em si mesma. Ou, por outras palavras, é o seu próprio poder. Ou melhor, é Deus, o autor e criador da lei.

Ao ensinar que você tem poder de mover montanhas, Jesus começou dizendo: "Tende fé em Deus". Deus, o Pai que habita o secreto do ser humano, é, em última instância, a origem do poder; é, portanto, o princípio do Poder Infinito.

A SABEDORIA INFINITA SABE

Não perca tempo querendo descobrir como seu pedido será atendido, por que meios, por quem, de que maneira, quando.

A você pertence simplesmente pedir e crer que receberá.

Ao pedir, está invocando a Sabedoria Infinita, imanente em seu íntimo, que tudo sabe, consequentemente sabe como você alcançará.

É ridículo preferir determinar pela mente consciente, (minúscula parcela da mente), como você conseguirá o objetivo ao invés de entregar à Sabedoria Infinita.

Jesus ensinou que você tudo pode, porque conhecia a existência da Sabedoria Infinita e do Poder Infinito nas profundezas do ser humano.

A Sabedoria Infinita sabe tudo.

O Poder Infinito pode tudo.

Confie neles.

SUJEITO DO ATENDIMENTO: DEUS

Em última análise, o sujeito do atendimento é Deus. Ele criou a lei e ele faz funcionar a lei.

"Ao invocar-me – disse Deus, na Bíblia – *eu ouvirei e atenderei"*. (Sl 90).

"Antes que eles clamem, eu os ouvirei; estando ainda a falar, eu os atenderei". Também está na Bíblia.

COMO DEUS ATENDERÁ

É importante repetir que Deus não age arbitrariamente, ao bel-prazer.

Criou as leis superiores e infinitas, que tornam a vida justa e aquânime.

Uma das leis universais é que tudo o que você cria na mente, e acredita, acontece. Deus, portanto, age através das leis que Ele estabeleceu. Todo pedido contém o recebimento. E o materializa, mesmo que seja necessário mover montanhas.

A maneira como o Infinito atenderá o pedido é imprevisível. Pode ser por meio de Santo Antônio, de Nossa Senhora Aparecida, do seu pai, de um amigo, encontrando uma mina, por herança, por resultado de negócio, por doação, por fonte desconhecida, pelo patrão, pelo governo, por milhões de maneiras inimagináveis.

Como se trata da lei divina, infalível, não

há porque se preocupar.

Quem conhece as leis superiores, coloca as premissas corretamente e queda-se tranquilo, feliz, na alegre expectativa.

Faça você o mesmo.

14

EQUÍVOCOS DA FÉ

A fé – sempre insistindo – é crer firmemente na realização da sua palavra.

Fé, pois, é a palavra acreditada. A oração acreditada. A mentalização acreditada. O pedido acreditado. O desejo acreditado.

Independe, portanto, de manifestações públicas, procissões, noites de vigília, novenas, longas preces, sacrifícios ingentes, penitência rigorosa, jejuns prolongados.

Não tem nada a ver com o tamanho da vela acesa, nem com a esmola ofertada e nem com as flores trazidas.

A decoração doirada, os tapetes grandiosos e as belas pinturas da igreja também não têm relação direta com a fé.

A presença das multidões e os aparatos festivos não são essenciais à fé.

A penitência não entra na definição da fé.

A santidade pode estar alheia à fé.

"A fé – escreveu o apóstolo Paulo – *é a firme confiança daquilo que se espera e a convicção daquilo que não se vê".*

Tanto na definição de Jesus, quando na do apóstolo Paulo, não entra nada daquilo que citei anteriormente.

Aparatos exteriores não entram na definição da fé, que é estado mental.

Então – perguntará você – de nada valem os sacrifícios, as penitências, as esmolas, as novenas, as velas, as procissões, as concentrações religiosas, as peregrinações, as promessas, as esmolas?

Valem muitíssimo enquanto fortalecem a fé.

Já experimentou fazer uma peregrinação ao Santuário de Fátima, ou de Lourdes, ou de Nossa Senhora Aparecida? A energia que passa aquela multidão emocionada, orando, cantando, portando velas, carregando doentes, é fortíssimo explosivo da fé.

Os locais de peregrinação, por exemplo, são ambientes impregnados de energia espiritual, de mística, de condicionamento religioso; carregam uma aura envolvente de força espiritual. As velas acesas, o odor do incenso e das flores, as luzes suaves ou feéricas, a música à luz da oração, ativam os centros cerebrais místicos e estimulam a mente ao estado de fé, à emoção positiva, levam o cérebro a liberar hormônios da endorfina e da oxitocina, que produzem sensações extasiantes, de enorme efeito sobre a fé.

"E a oração da fé – disse o apóstolo Tiago – *curará o enfermo".* (1 Tg 5,15).

OS SACRIFÍCIOS PODEM ESTIMULAR A FÉ

Você vê, principalmente em locais de peregrinação, pessoas carregando pesada cruz às costas; outras percorrendo distâncias de joelhos.

É condição básica para o milagre?

Não.

Quem produz o milagre é a fé
e não o sofrimento
ou o sacrifício.

O milagre é sempre resultado da fé.

Quem produz o milagre é a fé e não o sofrimento e nem o sacrifício.

Mas, então, ficam sofrendo à-toa?

Para alguns, o sofrimento acaba se transformando numa forma de ativar a fé.

Imagine aquele senhor que percorre de joelhos toda a esplanada do santuário de Fátima: cada flexão do joelho lhe produz uma dor, que o faz suportar mais um merecimento e que, por isso, vai aumentando a expectativa do milagre. É método popular de aumentar ou criar a fé.

Quando alguém faz uma novena, são nove dias em que fica pensando no milagre, desejando-o, esperando-o, estimulando-se a ele.

Aquela senhora que percorre as ruas da cidade de pés descalços, vestida em saco de estopa, no meio da procissão que se dirige ao santuário, impôs-se algo fora do normal, que lhe incute a ideia psicológica de que também algo de anormal vai acontecer-lhe: o milagre.

Qualquer método positivo usado na busca do milagre é válido e respeitável, porque cria na pessoa a expectativa do acontecimento. Redunda em fortalecimento da fé.

Não é o fato de usar saco de estopa ou de andar a pé que, em si, produz o milagre, porque há muita gente pobre que se veste de roupa de estopa, na sua miséria, e que anda de pés descalços por não ter sapatos, e isso não tem nada a ver com fé e nem com milagre.

O único valor possível existirá quando suscitar sentimentos de fé.

Todo milagre desemboca numa única via: a fé.

15

AS DUAS FÉS

Existe fé e fé.

É preciso distinguir uma e outra, caso contrário gera-se grande confusão na mente das pessoas menos avisadas.

Você ouvirá alguém falar da fé cristã, da fé católica, da fé espírita e ouvirá pregar a fé que remove montanhas.

Uma, é a fé-doutrina; outra, a fé-força todo-poderosa.

Uma reúne as pessoas em sociedade eclesial; outra é usada individualmente.

A FÉ RELIGIOSA

A Teologia é a ciência que trata de Deus. Refere-se ao estudo da doutrina cristã.

Para a Teologia, fé significa adesão da mente às verdades reveladas por Deus. Essas verdades formam um acervo que se chama doutrina e esta, por sua vez, denomina-se religião.

O Concílio Vaticano I declarou:

"A fé é uma virtude sobrenatural, pela qual nós, com o auxílio e sob o impulso da graça de Deus, cremos como verdadeiras as verdades que Ele nos revelou, não porque vejamos a verdade intrínseca delas pelas luzes naturais da nossa razão, mas sim por causa da autoridade de Deus que no-las revelou e que não pode enganar-se e nem enganar-nos".

"A fé – escreveu Martin Buber – é uma adesão a Deus, não porém adesão à fé do Deus que alguém concebeu, mas adesão ao Deus que existe".

Escreveu Antonio Otoni Soares:

"Objetivamente considerada, a fé é a adesão livre e espontânea do homem a uma ideia ou doutrina, em torno da qual ele vai tentar o próprio ajustamento". (Pelos Caminhos da Fé).

Está escrito nos Atos dos Apóstolos, livro da Bíblia: "Todavia, muitos daqueles que tinham ouvido a palavra abraçaram a fé, e o número dos fiéis, contando apenas homens, atingiu mais ou menos cinco mil". (At 4,4).

Uma outra passagem desse livro do Novo Testamento conta que o apóstolo Paulo cegou o mago Elimas, que lhe fazia oposição. "Então – diz o livro – o procônsul abraçou a fé, muito impressionado pela doutrina do Senhor". (At 13,8-12).

Paulo, na sua carta aos gálatas, escreveu: "Por conseguinte, enquanto temos tempo, pratiquemos o bem para com todos, mas sobretudo para com os irmãos na fé." (6,10).

São citações que usam a palavra fé para significar doutrina.

De qualquer forma, a Teologia está empregando muito bem este vocábulo, porque fé significa crer e a religião é o acervo daquilo que alguém acredita e professa.

Buda, Maomé e outros fundadores de religião também usaram muitas vezes a palavra fé para significar o acervo das crenças propostas.

O que importa é a fé que remove montanhas.

A FÉ QUE REMOVE MONTANHAS

Disse Jesus:

> *"Em verdade vos declaro que, se alguém disser a este monte: Sai daqui e lança-te ao mar; e se não duvidar em seu coração, mas crer firmemente na realização da sua palavra – há de acontecer assim mesmo. Por isso, vos digo: Crede firmemente que recebereis tudo quanto pedirdes na oração – e ser-vos-á dado".* (Mc 11,20-26).

Aqui o Mestre está falando da fé como força todo-poderosa, que remove montanhas.

Muitas vezes referiu-se a esta força, revelando que é capaz de curar doenças, produzir milagres e tudo alcançar.

Quando Cristo proclamou: "Quanto ao poder, quem tem fé tudo pode", indiscutivelmente estava mencionando que a fé é o processo pelo qual uma pessoa desencadeia a maior força do universo.

Nesses momentos, e em outros semelhantes, não se reportava ao conjunto dos seus ensinamentos, e sim ao poder através do qual a criatura humana exerce o seu ato criador.

A Teologia estabeleceu a fé-doutrina, mas Jesus ensinou a fé-poder.

Assim como na época de Jesus foi o povo que melhor recebeu e assimilou a palavra do Cristo, também hoje em dia o povo é quem melhor capta essa verdade, tanto que por toda a parte usa a fé como a força curadora todo-poderosa, como o poder que produz milagres, como a luz que soluciona as dificuldades e sofrimentos.

Amparado nessa fé, faz promessas, escala montanhas sagradas, realiza peregrinações, emociona-se em concentrações religiosas, busca locais de aparições, sempre na expectativa do milagre.

Mesmo quando o médico dá o veredicto final da morte iminente, a gente simples acredita em milagre.

E tem razão, porque a fé remove montanhas e tudo alcança. Palavras de Jesus. E dos cientistas da mente.

16

QUEM É O SUJEITO DO FRACASSO DA FÉ

Jesus falou tanto da força todo-poderosa da fé que é impossível qualquer pregador religioso evitar o assunto.

São eloquentemente citadas as passagens em que Jesus disse que a fé remove montanhas. Lembram também que o Mestre falou: "Quanto ao poder, quem tem fé tudo pode". E insistem na lei do "Pedi e Recebereis, porque todo aquele que pede recebe".

Quando os fiéis pedem e não alcançam, vão se queixar ao pregador que, muitas vezes, oferece algumas dessas explicações: O seu pedido não foi aceito por Deus, mas ele vai trocar por outra coisa melhor; Deus houve por bem recusar seu pedido, por isso não aconteceu; faltou-lhe merecimento para alcançar o resultado do pedido; o que pediu não era bom para você, por isso Deus não atendeu; Deus é livre para atender ou não.

Por incrível que pareça, essas explicações desmoralizam Deus.

De um lado, há o homem que pede e, de outro, Deus que concede. Como o pedido não foi atendido, quem falhou, segundo esses pregadores, foi Deus. Justamente quem, por qualquer consideração, jamais pode falhar.

Nesse caso, Deus é colocado como o sujeito do fracasso da fé, o que é absurdo inominável.

Escreveu o apóstolo João, referindo-se a Deus:

> *"Ora, sabendo que atende os nossos pedidos, sabemos também que receberemos o que pedimos".* (1 Jo,5-15).

Da parte de Deus, ensinou Jesus que "todo aquele que pede recebe".

Deus, de modo algum, é o sujeito do fracasso da fé.

FALTA DE MERECIMENTO?

Muitos ensinam que a pessoa não foi atendida por falta de merecimento.

Não mereceu porque não é bom cristão; ou

porque não vai à missa todos os domingos; ou porque sua vida não é santificada; enfim, porque tem muitos erros a descontar. É um equívoco, uma vez que Jesus nunca disse que só seriam atendidos os que fossem santos e caridosos.

POUCO SACRIFÍCIO?

E aqueles que atribuem o fracasso da fé à falta de sacrifício do pedinte?

Nunca se sacrificou – comentam eles – e ainda quer alcançar o milagre? Sem penitência, nada se consegue. Muitos, no entanto, se sacrificam duramente e nada conseguem.

Ora, Jesus nunca condicionou o atendimento ao tamanho dos sacrifícios e penitências.

PEDIDO EXAGERADO?

"Você não recebeu – tentam justificar-lhe – porque seu pedido é exagerado. Você está pedindo demais. É muito ambicioso. Não tem senso de equilíbrio".

Já ouviu alguma vez Jesus ter afirmado que você tudo alcança desde que não seja exagerado?

Essa explicação não tem nada a ver.

PEDIDO IMPOSSÍVEL EXISTE?

Qualquer pessoa inteligente sabe que há coisas impossíveis de serem alcançadas. Certo? Errado.

Como poderá, por exemplo, conseguir uma casa o miserável que vive debaixo de uma ponte? Como alcançará um milhão de dólares aquele homem cheio de dívidas? Como será possível curar-se da aids, se essa doença é incurável? De que maneira aquele cego terá visão perfeita se o mal é de nascença?

Essas e outras questões são colocadas pelos racionalistas, que concluem, em nome do bom senso, que realmente existem impossíveis.

Jesus, no entanto, reagiu dizendo: "Tudo é possível àquele que crê".

O famoso arquiteto Frank Lloid Wright escreveu: "Sempre acontece a coisa em que realmente se crê".

Porque motivo pensadores afirmam que nem tudo é possível e Jesus proclamou que tudo é possível?

Pela simples razão de que os racionalistas cometem o equívoco de usar apenas uma minúscula parcela da mente – a mente consciente, que não vai além de vinte por cento da mente – e concluem pela mente toda.

É o mesmo que procurar um copo numa sala e, não o encontrando, concluir que não existe copo na casa.

A mente subconsciente – que é a dimensão maior da mente – contém o poder infinito e a sabedoria infinita – que são a fonte inesgotável de tudo.

Para Jesus – o supremo cientista – o lógico e racional estão na afirmação de que tudo é possível.

A ciência do Poder da Mente, com seus inúmeros cientistas e estudiosos, assina embaixo da afirmação do Mestre.

NÃO É ATENDIDO POR QUE NÃO NECESSITA?

E aqueles que dizem que muitas pessoas não são atendidas porque não necessitam do que pedem?

É outra inconsistência.

Jesus foi claro: "Seja o que for que desejardes, quando orardes crede que tendes alcançado, e alcançareis".

Seja o que for – ensinou o Mestre.

17

ENFIM, QUEM É O SUJEITO DO FRACASSO DA FÉ

Ninguém mais do que você é a causa do fracasso da fé.

A lei do Pedi e Recebereis depende simplesmente da fé daquele que pede.

Se depende da fé de quem pede, caso não tenha alcançado o que pediu, a explicação clara, evidente, óbvia, é que não houve fé naquele que pediu.

Não há mistério nenhum.

Não existe fé sem obra e não existe obra sem fé.

Toda obra nada mais é que a materialização do pensamento acreditado.

Pensamento acreditado chama-se fé.

"A fé sem obras é morta" – escreveu o apóstolo Tiago. (2,17).

Sem fé, portanto, a obra está morta, não

existe.

Para existir a obra, é necessário que seja antecedida e formada pela fé.

Na mesma carta, Tiago raciocina: *"Não vês, pois, como a fé acompanhava suas obras e que a fé foi consumada pelas obras?"* (Tg 2,22).

A fé, disse ele, é realizada na obra.

Fé e obra são o mesmo que pedido e atendimento.

Fé morta, obra morta – significa que o nada só pode produzir o nada.

Todo pensamento criador materializa-se quando energizado pela fé.

Por que sem fé não existe materialização? Simplesmente porque é a fé que dá consistência ao pensamento.

Elmer Wheeler escreveu: "Quem diz que tem fé em poder fazer alguma coisa, mas deixa de fazê-la, nunca soube o que é fé".

A quem pertence a fé?

Fé e obra são o mesmo que pedido e atendimento

Única e exclusivamente ao que pede.

O fracasso jamais poderá ser tributado ao doador e sim ao que solicita. Porque a fé é o atributo de quem pede.

O apóstolo Tiago escreveu: *"Pedis e não recebeis porque pedis mal"*. (4,3).

Mais uma vez, por essa afirmação constata-se que a causa do fracasso na fé situa-se naquele que pede.

Tudo o que você pede com fé, mesmo que seja a remoção de uma montanha, conseguirá.

Aos discípulos que fracassavam quando tentavam curar, ou realizar milagre, Jesus explicava que era pela pouca fé ou pela falta de fé.

Por outro lado, o Mestre atribuía a cura à fé do paciente: "Vai em paz, a tua fé te curou".

O paciente curou-se? Logo, existiu fé.

As obras são a materialização da fé.

Se existirem as obras, está comprovado que existiu a fé.

Argumentou, certa feita, Jesus:

> *"Se não quiserdes ter fé em mim, tende fé nas obras, para que vejais e conheçais que o Pai está em mim e eu no Pai". (Jo 10,38).*

Para saber se uma pessoa agiu com fé, basta verificar se resultou em obras.

O HOMEM DA ENCHENTE

Contam que, certa vez, houve uma grande enchente e um homem, para se salvar, subiu à cumeeira da sua casa e começou a pedir a Deus que o salvasse. As águas já tinham atingido o telhado quando apareceu um barco de salvamento.

- Muito obrigado – gritou-lhe o homem. – Eu tenho fé em Deus, ele vai me salvar.

As águas continuaram subindo e chegaram até o homem, que continuava orando a Deus para salvá-lo.

Nisso apareceu outro barco, mas o homem recusou o auxílio, dizendo que tinha fé que Deus iria salvá-lo.

As águas foram subindo mais e mais e já alcançavam o peito do homem quando apareceu um

Lógica e racional é a verdade de que você tudo pode.

helicóptero, baixando uma corda para o resgate.

- Muito obrigado – berrou o homem. – Tenho fé em Deus, ele vai me salvar.

O helicóptero foi embora e as águas subiram, tapando o homem, que morreu afogado.

Ao se apresentar lá no céu, o homem estava furioso.

- Isso aqui é uma anarquia – gritava ele para quem quisesse ouvi-lo. – Se não era para cumprir, não deviam ter prometido. Fui enganado. Acreditei que Deus me salvaria e olha aí o que me aconteceu: morri afogado. Cadê a moral de vocês aqui?!

Nisso, Deus abriu a porta e falou-lhe:

- Você está reclamando do quê? Eu lhe mandei dois barcos e um helicóptero. Se não quis embarcar, o problema é seu e não nosso.

É uma piada que mostra o que acontece com muita gente: pede, mas nada faz. Recusa-se a seguir qualquer inspiração.

A verdadeira fé sempre leva ao resultado.

Isto não significa que Deus venha pegar a pessoa pelo pescoço.

Os caminhos podem ser muitos, mas sempre haverá um caminho. Com certeza.

Há os que precisam ver pra crer. Esses não têm fé. E há os que creem para ver. Nestes existe fé.

18

A FÉ DE JESUS E A FÉ DO PODER DA MENTE

Sempre falo da lei da fé em meus livros e palestras sobre o Poder da Mente e então surge a pergunta se se trata da mesma coisa.

Não existe diferença entre a lei da fé ensinada por Jesus e a lei da fé assinalada na ciência do Poder da Mente.

Jesus revelou que toda palavra firmemente acreditada, mesmo que seja para mover montanhas, realiza-se.

A ciência do Poder da Mente diz que toda a palavra firmemente acreditada, seja qual for o seu conteúdo, realiza-se.

Jesus ensinou que fé é crer firmemente na realização da sua palavra; a lei da fé, segundo o Poder da Mente, tem a mesma definição.

Fé é crer que sua palavra é verdadeira; que a palavra produz o seu próprio conteúdo; que todo desejo ou oração ou mentalização acreditados, são infalíveis. Trata-se da mesma verdade tanto para a fé segundo Jesus quanto para a fé conforme o Poder da Mente.

Jesus proclamou que quem tem fé tudo pode.

A ciência do Poder da Mente assina embaixo.

Jesus pregou que a fé remove montanhas, cura doenças, realiza milagres, tudo alcança e torna possível o impossível.

A ciência do Poder da Mente também assina embaixo, sem tirar e nem pôr.

Quer se fale em fé de acordo com o ensinamento de Jesus, quer se fale em fé pela cartilha do Poder da Mente – está-se falando a mesma linguagem.

Toda palavra acreditada torna-se realidade física – conforme Jesus.

Todo pensamento unívoco, materializa-se – consoante à ciência do Poder da Mente.

A ciência do Poder da Mente usa a mesma palavra empregada por Jesus – fé – para significar o poder de remover montanhas.

As premissas e os resultados são os mesmos.

Jesus diz que a fé tudo pode; o mesmo diz o Poder da Mente.

O QUE DISSERAM OS CIENTISTAS DA MENTE

Joseph Murphy, considerado a maior expressão da ciência do Poder da Mente, escreveu: "Os pensamentos são coisas; as ideias se realizam; aquilo que sentimos nós atraímos; o que contemplamos é aquilo em que nos tornamos". (O Poder da Oração).

U.S. Andersen, também autor de diversos livros sobre o Poder da Mente, escreveu: "Não posso evitar que meus pensamentos e minhas crenças se tornem realidade em minha experiência". (Três Palavras Mágicas).

Emmet Fox disse: "Você pensa e seus pensamentos se materializam em experiências". (Descubra e Use Sua Força Interior).

Eliphas Levi: "O pensamento humano cria aquilo que pensa".

Masaharu Taniguchi: "Tudo que surge concretizado no mundo das formas ao redor de nós é a materialização dos nossos pensamentos e crenças".

Harold Sherman: "Não há limites para o alcance da mente e do espírito". (Super TNT).

De Napoleon Hill: "A fé torna possível alcançar tudo que o homem pode conceber e acreditar". (A Chave Mestra das Riquezas).

James Allen, em seu livro "Da Pobreza ao Poder", escreveu: "Pela força da fé consegue-se a realização de toda tarefa".

Poderia continuar citando pensadores. Mas não é necessário.

A MENTE CONSCIENTE E A MENTE SUBCONSCIENTE

A mente consciente é o poder criador, exercido pelo pensamento expressado pela palavra, pela ideia, pela imagem, pela oração, pela mentalização, pelo desejo, por qualquer forma mental.

A mente subconsciente é o executivo.

A mente consciente age e o subconsciente reage de acordo.

Segundo os princípios da ciência do Poder da Mente, toda palavra aceita pelo subconsciente como verdade, este move céus e terras para torná-la realidade física.

Tudo está em criar pensamentos unívocos, acreditados, inabaláveis, porque, nesse caso, o subconsciente há de concretizá-los infalivelmente.

Sempre que houver um pensamento ou desejo acreditado, haverá a ação materializadora do subconsciente.

Fé é crer firmemente na realização da sua palavra. Portanto, toda palavra determinada pela fé, não pode deixar de realizar-se. É o que também ensina a ciência do Poder da Mente.

A verdade do poder da fé confirma a verdade do Poder da Mente; e a verdade da ciência da mente comprova a verdade da fé.

Em última análise, é o mesmo caminho por palavras diferentes.

19

COMO FORTALECER A FÉ

Fé – sem cansar de insistir – é crer firmemente na realização da sua palavra.

Como diz a definição, fé é a palavra acreditadíssima, é a oração tida como infalível, é o desejo contendo a materialização, é o pedido fundido no recebimento.

A fé é explosivo puro, que não tolera mescla de dúvidas, descrenças, fraquejamento, desinteresse, medos, retornos, hesitações e outros anulantes.

Em última instância, a fé é individual, de tal forma que só você, por si mesmo, pode pô-la em ação. Os outros poderão ensiná-lo, estimulá-lo à fé, demonstrar-lhe a veracidade, dar-lhe exemplos de eficácia, mas, ao fim e ao cabo, sobrará você sozinho com sua fé ou com sua descrença.

Não basta desejar, sonhar, orar, mentalizar

– é imprescindível que a ação mental se transforme em crença.

Toda crença, chamada fé, impregna o seu ser, torna-se parte de você, realiza modificações vitais na mente, no corpo, na vida.

Devido às características da fé, que se desfaz diante de qualquer resquício de dúvida, a imensa maioria das pessoas confessa que tem pouca fé e muitas outras acusam que a fé nem sempre funciona.

Agora, porém, por tudo o que você leu, confirmado pela autoridade e sabedoria do Cristo, com a assinatura de todos os cientistas da mente, você já não duvida de que a fé remove montanhas, cura doenças, realiza milagres, tudo alcança, torna possível o impossível.

A questão é ter fé de verdade.

Como fortalecer a fé?

Quando Jesus perguntou ao pai, que trazia o garoto para ser curado, se tinha fé, o homem respondeu: "Tenho fé, mas auxilia, Senhor, a minha falta de fé". Nesse mesmo episódio o Mestre recrimina a falta de fé dos discípulos, assim como repreende-lhes a incredulidade no caso da tempestade no Mar da Galileia e naquela vez que

Pedro queria caminhar sobre as águas até onde ele estava.

O CONHECIMENTO FORTALECE A FÉ

O melhor método para fortalecer a fé é saber que é uma lei científica e não resposta arbitrária e imprevisível de Deus.

Se é lei, basta que você coloque corretamente as premissas, e o resultado, por mais fantástico que seja, é infalível.

Premissa é uma verdade, ou fato, ou princípio, que serve de base a um argumento, a uma conclusão.

Fé, portanto, não é algo impreciso, sutil, subjetivo.

Henry Ford disse: "Poucos sabem quanto é objetiva a fé".

Todas as leis que regem a vida e o universo são inevitáveis, desde que se coloquem corretamente as premissas.

Você sabe, por exemplo, que ligando a lâmpada na corrente elétrica, ela acende, pouco importando se quem ligou é católico, ou preto, ou sábio, ou ignorante, ou rico, ou pobre.

A lei da física produz o resultado físico, que, por sua vez, solidifica a fé para a repetição futura do mesmo fato.

Você nunca esteve, por certo, na Sibéria, mas tem certeza de que essa região existe.

Donde lhe vem essa fé? Da informação que recebeu de alguém, ou de algum mapa, ou da geografia. No final das contas, você está acreditando em alguém que, por uma forma ou por outra, lhe transmitiu a notícia.

Na primeira vez que viajei de avião diretamente do Brasil à Europa, sem escalas, tive que acreditar que era exatamente isso que ia acontecer.

Não é incrível ter fé que um imenso aparato de cem toneladas voaria a dez mil metros de altura, durante nove horas, a uma temperatura exterior de quarenta graus abaixo de zero e me deixaria exatamente no aeroporto de Lisboa?

Quando você medita nisso, verá que é bem

A melhor experiência
é a que você faz pessoalmente.

mais fácil acreditar que terá a sua casa, que terá um milhão de dólares, que curará seu fígado, que encontrará o Amor da sua vida...

A EXPERIÊNCIA FORTALECE A FÉ

Shattock escreveu: "A fé deve ser desenvolvida e testada através da experiência". (Pense Positivo). Acrescentou ele que "a experiência pessoal é a mais válida".

É claro que a experiência dos outros também fortalece a sua fé. Mas sua experiência pessoal é mais importante.

Tempos atrás, recebi esse depoimento: "Em 1980, por sentir muitas dores nas costas, procurei um traumatologista, o qual pediu-me várias radiografias da coluna, que revelaram artrose. Em janeiro de 1986, comecei a ficar com a perna esquerda dormente: procurei especialista que solicitou novas radiografias, as quais acusaram um quadro bem pior, pois, além da artrose, havia também a litíase. Não sabia bem o que significava, mas o médico mostrou-me, contra um quadro luminoso, a quarta vértebra afastada da quinta até a metade da cartilagem cheia de bico de papagaio de um lado e de outro. O médico falou-me que era progressivo e irreversível. Fiquei triste, porém comecei a fazer o relax com programação positiva. O senhor veio à minha cidade em novembro de 1991, voltando em julho de 1992, quando aplicou a bênção da cura; deixei passar três meses e voltei ao médico para novas radiografias e, ao interpretá-las, fez o seguinte comentário: "Impossível, não tem artrose, nem bico de papagaio e nem qualquer outra coisa; sua coluna é perfeita..."

Essa experiência, sem dúvida, fortalecerá a sua fé, pois se aquela pessoa pôde, você também pode.

Em outra ocasião, uma moça contou-me que seu irmão, aos dois anos, estava com poliomielite e meningite meningocócica e os médicos não lhe deram senão alguns meses de vida. A mãe orou muito. Um dia, ajoelhada, ouviu uma voz: "Mãe!". Ali estava o maninho de pé, caminhando. Hoje é dono de uma das maiores construtoras.

Veja o exemplo dos grandes e inspire-se neles.

Rico em saúde, dinheiro e felicidade.

Em 1994, uma senhora da cidade de Natal fez a jornada do Poder da Mente e mentalizou que não fumaria mais. Parou de fumar, vício que tinha há quinze anos. Hoje completa um ano desde que deixou.

Essas experiências e milhões de outras que acontecem a cada dia em algum lugar do planeta, hão de ser forte comprovação dessa verdade para você.

Uma senhora de trinta e oito anos, mãe de dois filhos, estava na pior depressão, a ponto de fazer uma loucura, como contava ela. Começou a ler meus livros sobre o poder interior, ficou ótima e agora, apesar da pouca cultura, se dedica a iluminar aqueles que estão na escuridão e no sofrimento.

Determine o que deseja alcançar verdadeiramente e acredite com todas as forças da alma que assim é e assim será. Ao acontecer o seu pedido, sua alegria será grande e a experiência fortalecerá a sua própria fé.

OS GRANDES FEITOS SÃO FRUTOS DA FÉ

Talvez você se sinta solitário e nu na sua fé. Deseja um futuro que nunca aconteceu, que não tem experiências anteriores, que não tem similar científico, e que leva você a arriscar seu patrimônio e até sua vida.

A dúvida e o temor angustiam você. Segue em frente ou recua?

Para seu consolo, todos os maiores acontecimentos que revolucionaram o mundo e a humanidade caminharam sobre essa mesma situação.

O sucesso deve-se à fé inabalável do criador da ideia e do projeto.

Cristóvão Colombo, por exemplo, gastou tudo que tinha, sacrificou o Amor da sua vida, enfrentou as ridicularizações, até que conseguiu três caravelas e um bando de aventureiros para se lançar no sonho de descobrir um novo mundo, imaginado por ele, além dos mares conhecidos.

A fé está batendo. Abra.

Moisés sustentou fé absoluta quando acreditou que abriria as águas do Mar Vermelho e que o fenômeno permaneceria até passar o último do seu povo. E se as águas desandassem e afogassem a sua gente? Não é só você, portanto, que se vê a braços com dilemas que exigem fé total.

Os estudos e a fé de Galileu Galilei levaram-no a admitir que era a terra que girava em torno do sol e não o contrário, como se ensinava na época, e manteve essa crença mesmo ameaçado pela Inquisição.

Foi a fé dos heróis e conquistadores que os levou a enfrentar perigos, escalar montanhas nevadas e conquistar países e terras desconhecidas.

Quantos pesquisadores gastaram a maior parte da vida perseguindo uma invenção que aos olhos do resto da humanidade se afigurava como impossível!

Sem fé, qualquer ideia é aborto.

Selado pela fé, qualquer sonho se materializa.

Veja o exemplo dos grandes e inspire-se neles.

AJA COMO SE TIVESSE FÉ

Lembro aqui o filme "O Veredicto". No último discurso, o advogado de defesa do réu, lá pelas tantas, falou: "Eu aprendi de pequeno na minha religião: aja como se tivesse fé e a fé lhe será dada".

O escritor, conferencista e consultor comercial Elmer Wheeler escreveu: "Obre como se soubesse que seu êxito já está assegurado. Isto é fé". (O Tesouro que Há em Você).

Vou citar-lhe mais um grande escritor da mente, que lhe sugere agir como se tivesse fé para que esta se fortaleça.

Foi U.S. Andersen, que escreveu: "Aja como se fosse impossível falhar". (Três Palavras Mágicas).

Quando eu era criança, usávamos muito esta expressão: Quem não arrisca, não petisca.

Mesmo não acreditando, dê uma chance a si mesmo.

Toque a manivela da fé - como se fazia nos carros de antigamente – e depois ela andará por si mesma.

Walter Germain escreveu mais ou menos a

mesma coisa: "Você precisa agir convencido de que a fé estará trabalhando por você. Isso porá em ação a sua fé, que começará a andar por si mesma". (O Mágico Poder da Sua Mente).

DEIXE A PORTA ABERTA

Mesmo que você não acredite, não se negue a pagar para ver, como diz o velho ditado.

Sem dar o primeiro passo, jamais terá dado o último.

Você nunca terminará o que não começou.

Seja inteligente: pesquise, procure, leia, assista cursos e jornadas sobre o assunto, ouça os que têm algo a dizer.

"Quem procura, acha" – avisava o Mestre.

Pelo menos, deixe a porta aberta para que a fé possa entrar.

Ela vai passar na sua vida uma vez, duas vezes, não se sabe quantas vezes: deixe a porta aberta.

Não faça como o caso daquela viúva, muito pobre, cheia de problemas financeiros, que estava sendo ameaçada de despejo por falta de pagamento.

A pobre mulher orou e pediu a Deus que a ajudasse, pois estava em péssima situação.

Havia, no lugar, um homem muito generoso que ficou sabendo das graves dificuldades financeiras por que passava a mulher e foi até a casa dela para dar-lhe boa soma de dinheiro.

Bateu na porta uma, duas, três vezes, e nada.

Lá dentro, a mulher apavorada, não quis abrir a porta, pensando que fosse o proprietário que queria cobrar-lhe o aluguel ou despejá-la.

O homem então foi embora sem poder ajudá-la.

Se você não abre a porta, como pode receber visita benfazeja?

Falo da porta da sua mente.

Não seja daquelas pessoas endurecidas, teimosas como mula ressabiada, que só sabem dizer não e não e não e não.

Abra a porta da mente, deixe entrarem no-

O poder está na fé.
Fortaleça-a todos os dias.

vas ideias, faça outras experiências, que a vida é uma caminhada para frente, cheia de ótimas surpresas.

A fé está batendo. Abra.

RECONHEÇA QUE É DIVINO

Ajudará sobremaneira o fortalecimento da sua fé o fato de se reconhecer de origem divina, filho de Deus, detentor do poder de Deus.

Medite essa verdade e encontrará razões poderosas para acreditar no poder da fé.

"Vós sois deuses" – disse Jesus. Aceite a sabedoria do Mestre e grave na mente essa verdade, que muito ajudará a aceitar que sua fé é todo-poderosa.

Quando o Mestre ensinou a oração do Pai Nosso, recomendou que você entre em seu íntimo e ore ao Pai que está no íntimo e ele atenderá você. (Mt 6,5-14).

O apóstolo Paulo também declarou que o Altíssimo habita em você.

A divindade humana já tinha sido ressaltada na Bíblia muito antes de Jesus, como consta no salmo 82: "Eu disse, vós sois deuses; e todos vós:

filhos do Altíssimo".

Levantando-se à altura da sua divindade, fica mais fácil reconhecer que tudo pode.

AFIRME, REAFIRME E CONFIRME QUE TEM FÉ

Catherine Ponder escreveu, certa vez: "A fé pode desenvolver-se como resultado de muitas afirmações". (A Oração: Chave de Todas as Riquezas).

Jesus ensinou: *"Batei, batei, e abrir-se-vos-á"*. (Mt 7,7).

A repetição acaba por solidificar seu pensamento e isto se chama fé.

A IMAGINAÇÃO FORTALECE A FÉ

Jesus ensinou:

> *"Por isso vos digo: tudo que suplicardes e pedirdes, crede que recebestes e assim será para vós"*. (Mc 11,24).

A crença no recebimento exige a visualização do resultado, porque não é possível mentalizar um fato consumado sem criar a imagem do mesmo.

A imaginação é força extremamente poderosa.

O subconsciente não distingue entre imagem e realidade; apanha a imagem que você projeta e move céus e terras para materializá-la.

O apóstolo Paulo, ao definir a fé, esclareceu que "é a posse antecipada daquilo que se espera".

Tomar posse antecipadamente é ato de imaginação.

A fé, portanto, é atividade solidificada também pela imaginação.

A DESNECESSIDADE DA FÉ PODE FORTALECÊ-LA

Suponhamos que você participe de uma peregrinação ao Santuário de Lourdes. Você está doente, mas não acredita que possa ser curado. É cético.

Lá em Lourdes lhe dizem: "Aqui não é necessário você ter fé: o próprio local das aparições e as orações dos peregrinos curarão você; quer você acredite na cura ou não, ela vai acontecer, de qualquer forma, por forças que independem de você".

Pronto, você acreditou nessa informação e ficou curado.

Então, houve fé ou não houve para a cura?

Claro que existiu fé. Você teve fé que bastava sua presença para ser curado. Ora, você fez-se presente; logo, sua mente interpretou que bastava isso para ser curado. Sua mente ligou-se nessa condição exigida. Produziu-se a fé na cura, porque você cumpriu o que diziam ser necessário para ser curado, que era estar presente.

Walter Germain diz o seguinte: "Alguns especialistas em terapêutica mental afirmam que a fé por parte do paciente não é requisito essencial para o êxito da cura. Muitos podem acreditar nisso. Um observador mais atilado, porém, verá que tal afirmação se faz, antes de tudo, para inspirar fé subjetiva num paciente tomado de dúvida. Suponhamos, por exemplo, que o enfermo procure o clínico manifestando desde logo sua falta de fé. Diz: - "Pelo que ouvi dizer, é preciso que seus pacientes tenham fé para poderem ser curados. Se esse fosse o caso, a mim o tratamento mental de nada servirá, pois sou irremediavelmente cético". Ao quê, pode responder o clínico: - "A fé é desnecessária em meu método. Pouco importa que o senhor creia ou não, o meu tratamento lhe fará bem de qualquer maneira". Isto normalmente anima o paciente que, ao se submeter ao tratamento, tem então toda a fé essencial para a cura, a fé subjetiva. E, o que parecerá estranho, ele próprio não se dá conta dessa expressão de fé". (O Mágico Poder da Sua Mente).

O problema é que se trata de subterfúgio e o autor dessa sutileza terá que conviver com a sua mentirinha, embora bem-intencionada.

Jesus, o maior entendedor da fé, foi sempre direto: É preciso ter fé; sem fé nada se consegue.

EVITE QUEM PERTURBA SUA FÉ

Você está necessitando de reforço poderoso para sua fé. Nessas condições, o pior que lhe pode acontecer é estar com quem nada acredita e tenta desmantelar o pouco de fé que você tem.

Evite esse tipo de pessoa. Só atrapalha.

Se tiver que conviver forçosamente com tal pessoa, não lhe conte seus desejos, suas expectativas, seus projetos, sua crença, porque ela terá o prazer mórbido de arrasar a sua fé.

Como você é vacilante, imagine o estrago que pode causar na sua vida.

Jesus, quando curava alguém de fé precária, recomendava incisivamente: Não conte nada a ninguém.

John Fitzpatrick escreveu: "Nossa fé pode ser perdida ou enfraquecida pelo contato com aqueles que não acreditam". (O Poder da Fé).

O famoso filósofo, arqueólogo e sacerdote Teilhard de Chardin escreveu que "se perderes a esperança no dia da adversidade, reduzida será a tua força".

Lembre-se que o poder está na fé. Se desmobilizá-la, desmantelará o poder.

Walter Germain escreveu: "Negar o poder da oração, ou mesmo orar sem um profundo sentimento de convicção, dissipa o valor da fé – e tais petições, como disse Dr. Carver, "não chegam sequer ao teto". (O Mágico Poder da Sua Mente).

Procure contato com pessoas e literatura que fortaleçam a sua fé.

Quanto mais lenha puser na sua fogueira, maior será a luz e a energia.

ESTIMULE SUA FÉ

Há muitas maneiras de estimular a fé, por exemplo, livros, palestras, cursos, encontros, cds, dvds, meditações, mentalizações, orações.

Há também rituais que, para muitos, são fortes componentes da fé.

Nenhum ritual faz milagre, mas pode ajudar a pessoa a ter fé.

Os rituais se constituem em importantes fatores de emocionalização, de sugestão, de estimulação, e são ótimos veículos que conduzem à fé, já que fazem a mensagem, a prece, o pedido, penetrar no íntimo através dos sentidos, dos olhos, do olfato, dos ouvidos, das imagens.

São rituais, por exemplo, as novenas, as velas acesas como promessas, as peregrinações, os jejuns, as penitências, as esmolas como reforço da oração, a água benta, as cerimônias solenes, as procissões, a veneração ao santo ou Nossa Senhora representados em estátua ou pintura, as relíquias, coisas semelhantes.

Fica claro que os objetos não têm poder; apenas podem servir de incitamento à fé.

O TESTEMUNHO DOS OUTROS

O filósofo grego Aristóteles está entre os maiores sábios do mundo.

Nasceu em Estagira, Grécia, em 384 antes de Cristo e morreu em Cálcide em 322, com 62 anos de idade. Disse ele: "O que você espera que aconteça, acontece".

O filósofo norte-americano, Ralph Waldo Emerson, que inspirou a filosofia de vida daquele povo, escreveu certa vez: "Nenhuma aptidão, nenhum auxílio, nenhum treinamento será capaz de compensar a falta de fé".

William James, outro grande filósofo e psicólogo americano, escreveu: "Em qualquer projeto, o fator importante é a sua confiança. Sem fé e confiança não poderá haver sucesso. Isso é fundamental".

"A fé que aqui expomos não é uma crença vaga mas, sim, a expectativa confiante de que vossos desejos se realizarão". (Círculo Esotérico do Pensamento).

Joseph Murphy, autor de mais de trinta livros sobre o Poder da Mente, escreveu: "Sua fé é algo em que você se transforma, porque você manifesta e objetiva em seu mundo o que realmente acredita de si próprio". (O Poder Cósmico da Mente).

20

AGORA É TUDO

Agora que você conheceu a lei da fé e desfez as dúvidas, o caminho está aberto. Belo caminho. Grande caminho. Maravilhoso caminho.

Agradeça a Deus que o criou à sua imagem e semelhança; agradeça o Cristo que o fez conhecer o seu poder criador divino; agradeça a você mesmo por se ter dado o tempo de vasculhar essa mensagem – e vá em frente, de bandeira desfraldada, cantando a alegria da vida.

Deixe o passado para trás. Águas passadas não movem moinho.

Nem um milhão de queixas justas sobre o passado infeliz terão a força benéfica de um pensamento positivo.

Use o seu poder criador para, neste momento, alinhar tudo que de bom e de ótimo deseja para si. Sem complexo de pobreza, de culpa ou de inferioridade.

É a sua hora de renascer. Pela água que lava seu passado e pelo espírito que criará o mundo bonito e abençoado em que desejará viver.

A lei da fé foi um alucinado ato do amor de Deus, conscientemente disposto a correr todos os riscos.

Você surgiu como a criatura mais alta do Amor Divino, por isso foi feito grande, portador de poder infinito. Maravilha das maravilhas.

Deixe de lado essa carcaça pesada, aprisionante, que não lhe pertence, e erga sua mente às alturas grandiosas da felicidade, do amor, da paz, da alegria, da saúde, da abundância, da prosperidade, do sucesso, do bem-estar, da harmonia interior e da fraternidade.

Pela fé, você está abrindo a porta da sua verdadeira realidade.

Este é um momento de festa.

Levante um brinde à maior descoberta da sua vida.

Você agora está pisando o solo sagrado da sua divindade, que o faz comunhão com Deus, com a criação, com a humanidade, com todo o universo.

Você, tão pequeno e tão grande.

Deus lhe deu a fé; Jesus revelou que, por ela, você remove montanhas, cura doenças, realiza milagres, tudo alcança, torna possível o impossível.

O resto é com você.

ÍNDICE

12

13

A FÉ PODE TUDO

Mito ou Verdade?

É preciso desvendar a verdade de uma vez por todas: Terá Jesus afirmado que todo ser humano pode tudo? Você, eu, qualquer pessoa, temos poder realmente para realizar a vida como desejamos? É mito ou verdade que a fé transporta montanhas? A ser verdade, você tem aí o caminho seguro e simples para ser o que quer ser. Não pode deixar de ler essa obra.

O PODER DA FÉ

Esta obra contém o segredo que mudará sua vida. A fé move montanhas, cura, faz milagres, tudo alcança. Aprenda a usar essa Força todo-poderosa. Existem vários tipos de fé. Veja aqui aquela fé de que falava Jesus que tudo alcança.70 p.

O PODER CONTRA O MAL

Não fique travado ou assustado com ameaças de bruxos, mau-olhado, despachos, etc. Veja aqui como livrar-se e proteger-se do mal. 50p.

A ORAÇÃO QUE TEM PODER

Você sabe que nem todas as orações alcançam o que é desejado. Você, com certeza, ora muito. Mas, sabe orar de verdade? Veja, nesta obra, a oração que tem Poder.

IMPRESSÃO:

GRÁFICA EDITORA
Pallotti
IMAGEM DE QUALIDADE

Santa Maria - RS - Fone/Fax: (55) 3220.4500
www.pallotti.com.br